歴史文化ライブラリー
533

隠れた名君　前田利常

加賀百万石の運営手腕

木越隆三

吉川弘文館

目　次

一揆の国の藩政改革——プロローグ

一揆の国から大名領国へ

一四八八年（長享二）、金沢市南郊の高尾城で起きた「加賀一向一揆」は、戦国時代の到来を告げる大事件であり、教科書や通史では、一揆勢数万人が守護富樫政親《とがしまさちか》を倒したあと、名目上の守護を擁立し、大坊主・在地武士・百姓による自治的支配が行われたと書かれる。しかし、この一揆持ちの国、加賀の政治支配は、戦国争乱と無縁でなく、本願寺が加賀の守護の役割を果たしたものの、戦乱に明け暮れ、飢饉や災害にも襲われた。

この一向一揆と本願寺領国の体制のあと一六〇〇年（慶長五）には、一二〇万石の巨大大名前田氏の近世領国が樹立され、一六〇五年から一六五八年（万治元）まで前田家三代利常《としつね》の政治が展開した。加賀や能登・越中で、この間どういう転換や変化が起きたのか。

利常という近世大名の政治に的を絞って、五四年に及ぶ治世を本書でなぞっていくが、本願寺と門徒たちによる国支配や地域運営（自治）を経験した「在地《ざいち》」の人々は、近世大名の領国支配をどのように受け止め受容していったのか、この点にも目をむけ、利常政治の特色をみていきたい。

「在地」すなわち村や町に依拠した庶民の世界には、「村請《むらうけ》」支配に応じる地域運営組織（惣村《そうそん》や十村組《とむらぐみ》、組の郷など）があり、同時に本願寺の坊主分を中心に講中や門徒中という信仰組織が作られ、死者供養や先祖祭祀のための寺檀関係も展開していた。それは戦国以来の動きであったが、戦乱の終結とともに真宗寺院の叢生・急増という変化が起きた。これは前田家の時代に明確になった動向で、利常が直面した在地の宗教的環境でもあった。

表1は、おおむね利常没年（一六五八年）までに加賀藩（前田家）が近世寺院として認定した数を宗派別に示したものである。これをみて真宗寺院がいかに多いか、また真宗寺院のなかでは東派真宗寺院が加賀・能登で圧倒的に多いことにまず注目してほしい。

政治の世界では織豊政権が登場し、やがて徳川幕府ができ「泰平の世」に転換するという変化が起きたが、こうした政治体制の変容は、一向一揆の伝統を持つ村・町にどのような影響を与えたのか、本書でみていきたいテーマである。その際、戦国時代に加賀の大名の役割を果たしていた本願寺の立場が石山合戦で敗北したあと大きく変容し、本願寺が

表１　加賀藩前田領の宗派別寺院数（貞享２年〈1685〉）

	加　賀（３郡）	内金沢	能　登（４郡）	越　中（３郡）	総　計
真宗（東派）	136	＊54（40%）	296	286	718
真宗（西派）	12	＊6（50%）	59	236	307
曹洞宗	61	＊54（89%）	63	72	196
日蓮宗	65	＊50（77%）	35	20	120
浄土宗	25	＊23（92%）	12	22	59
臨済宗	10	＊8（80%）	0	0	10
真言宗	29	＊25（86%）	44	33	106
修験道五派	122	＊95（78%）	9	54	185
天台宗	14	＊12（86%）	1	0	15
合計	474	＊326（69%）	519	723	1716

（注）刊本『加越能寺社由来』掲載の「貞享二年寺社由緒書上」による．能登幕領・土方領，富山・大聖寺の両支藩分は典拠になく除く．時宗・臨済宗の一部を欠く．寺社内の塔頭・坊・院の一部を略した．東西本願寺の２つの金沢末寺も除外した．

東・西二つの真宗教団に分かれる事態に至ったことは注目しなければならない。

本願寺東西分裂の遠因は、信長政権と抗戦を続けるか、和睦しその支配に服するかの選択をめぐって起きた対立にある。ところが、加賀・能登の門末の大勢は、織田信長《おだのぶなが》との抗戦継続を支持したという歴史を持ち、彼らは文禄・慶長期に東本願寺（真宗東派）を分立させる原動力となったので、加賀・能登の支配者は、彼らをいかに近世的支配に馴致させるか心を砕いた。

利常もその一人である。前田利家《としいえ》・利長《としなが》はもちろん丹羽長秀《にわながひで》・長重《ながしげ》、佐々成政《さっさなりまさ》ほか村上頼勝《むらかみよりかつ》・堀秀政《ほりひでまさ》・溝口秀勝《みぞぐちひでかつ》・山口宗永《やまぐちむねなが》など加賀・能登・越中を治めた多くの織豊大名と比べ、利常は一向一揆の国での政治経験が最も長い。さらにいえば、一揆の国に近世的支配の原則を定着させた功績の多くは利常に帰す。これを本書で示すことができればよいと考えている。

一六～一七世紀の連続性と変容

庶民の生活の場である「在地」は、一七世紀の前半つまり近世初頭と戦国期（一六世紀）では共通点が多いという移行期研究者の指摘がある。また近世初頭の村の習俗のなかに、中世的なものが濃厚に残るので、これらを取り上げ戦国期の農村構造や村落自治の源流とすることも多い。

しかし、加賀の戦国期の在地社会の実態は、史料上の制約があり不明なことが多く、井上鋭夫はじめ先学は一向一揆時代の加賀・能登の在地の実像を把握するためさまざまな苦労を重ねた。山の民・川の民の習俗や信仰の痕跡を遺跡・遺物や民俗文化に求め探求したほか、浅香年木は年貢算用状の分析から基層の一揆を確認し、地籍図の小名から初期寺内（若松）の存在を推測した。さらに一揆時代の土壌や精神は近世加賀藩社会にも息づいていたと鋭く指摘した。

ところが、残念ながら一般通史では信長政権が北陸三ヵ国を掌中に治めた時点をもって近世が始まるとし、中世の叙述はそこで打ち切られる。これを受け近世史叙述は、前田氏など織田方武将の出自や軍功・立身にふれ、北陸三ヵ国での功績や所領獲得にふれる所から始めることが多い。歴史叙述として断絶という印象を受ける。近世的支配の説明は、豊臣政権下での検地・刀狩政策あるいは城下町建設と兵農分離を語る段になってようやく本格化するが、史料が乏しければ戦国期との関連は棚上げされ、一気に関ヶ原合戦以後の出来事に推移する。読者は中世・近世の歴史は断絶として理解するほかない状態となり、それに疑いをさしはさむ雰囲気も乏しい。本書では、できるだけ戦国期の動向に目を配るようつとめた。とくに金沢御堂設置や石山合戦末期の動向、また利家時代の本願寺教団の動向などは必要最小限となるが、ふれてみたい。

本書では、一六〇五年（慶長一〇）、幕藩制下最大版図《はんと》を持つ大名領国の「国主」となった前田利常という大名が、どのような手立てを講じ「藩政」という近世的支配を樹立させたのか、戦国末期からの本願寺門徒や真宗寺院の動向も注視しながらみてゆく。一向一揆の国を馴致させ治績をあげること、これは利常にとって生涯をかけた大きな課題であり、彼の近世大名としての資質形成に大きな影響を与えたからである。「名君」という賛辞が付与されるとするなら、そこに要因があるとみている。

一揆の国での藩政改革

一方で、利常は一三歳で前田家三代当主となり、二二歳で大坂出陣、三ヵ国安堵の領知判物《はんもつ》を得て、三四歳で中納言に昇進、一六三九年（寛永一六）、四七歳で隠居し、嫡男光《みつ》高《たか》に藩主の座を譲る（四〇・四一ページ表2）。しかし、利常政治の真骨頂は隠居したあと最晩年に断行した改作法《かいさくほう》という渾身の政治改革であった。

改作法は利常政治の集大成ともいうべき藩政改革であり、近世国家における領国支配の模範といえる内容を持つが、かつての一揆の国を相手に、なぜそのような近世的支配の模範を作り上げることができたかということが、本書の課題となる。

利常の正室は徳川幕府二代将軍秀忠《ひでただ》の二女であり、彼女の生んだ光高ら三人の男子はともに聡明な子息で、岳父秀忠が大御所政治を進めていた頃、江戸城西ノ丸に詰め、徳川御三家に次ぐ立場で行儀見習いをし、家門《かもん》並みの厚遇を受けていた。秀忠死後、三代将軍家《いえ》光《みつ》親政のもとで嫡男光高は、家光の養女を正室に迎え、実甥として水戸家に準ずる頻度で江戸城殿中儀礼に出座した。こうした閨閥と聡明な息子たちの公役精勤によって、利常の幕府内での地位は安定し、家光親政期の一番大名として将軍の信任にこたえた。

しかし、家督を譲られた光高が一六四五年（正保二）、三一歳という若さで早世したあとの数年、利常は失意のなかにあった。一六五一年（慶安四）の家光逝去までの七年は、失意のなかで改作法の構想を練り上げた時期でもあった。

それまでの濃厚な幕府との音信関係は、藩財政をかなり圧迫していた。吝嗇《りんしょく》で知られる前田家の台所でも財政改革が必須となっており、一六五一年改作法に着手した。

本書では、改作法の実態を紹介するだけでなく、改作法に至る政治過程も従来と異なる視点から、つまり幕政史との関係も重視し利常という藩主の辣腕ぶりをみてゆく。加賀藩という地域国家は幕藩制国家の一部をなし、幕府にとって頼りがいのある大名として公儀支配の安定に貢献したことが示されるであろう。

藩公儀の立上げ

将軍の聟、藩主となる

前田利家の四男

前田《まえだ》利常《としつね》は一五九三年（文禄二）一一月二五日、前田利家《としいえ》の四男として金沢城内で生まれた。母は側室寿福院《じゅふくいん》で、正室芳春院《ほうしゅんいん》（まつ）の侍女であった。千世《ちよ》と呼ばれ出自は上木新兵衛の娘であったから上木氏とされるが、千世の母は先夫新兵衛死後間もなく小幡氏に再嫁したので小幡氏とされることもある。千世が芳春院の侍女となったとき母は小幡氏に再嫁し小幡長次《おばたながつぐ》（利常時代の重臣）を出産していたので、利常はのち母の異父弟小幡長次を重用した。利常の上に長男利長《としなが》・二男利政《としまさ》がいたが二人とも正室芳春院の嫡子であった。

千世は肥前名護屋に出陣した利家に仕える侍女として随行し懐妊、一人金沢に帰って出産した。金沢城の長局で出産という証言もあるので『本藩歴譜』は「金沢城ニ降誕シタマフ」と記す。いまはこれにしたがっておく。

芳春院と利家は、利常の養育を越中守山城（富山県高岡市）の前田長種《ながたね》に託した。利家・芳春院の長女幸（春桂院）が長種のもとに嫁していたからで、世話好きな長女に三四歳も下の弟の養育を託したのである。長種は尾張荒子在住の前田一門で、一五八四年（天正一二）尾張から金沢に移り利家に仕えた。翌年、長女幸と結婚したらしい。そのあと越中三郡の領主となった長男利長（守山城主）の家老また指南役として長種を抜擢、登用した。幼年期の利常はこの長種夫妻のもとで薫陶を受けた。

文禄年間の長種は守山城の城代をつとめ、民政に精通し留守将として信頼されていた。一五九五年以後の利長は上方《かみがた》滞在が多くなり城代長種の役割が大きくなっていた。一五九八年（慶長三）には、利長は居城を富山に移したが、長種が富山城に移ったのは翌年のことであった。利常もこれにしたがい富山に移ったとみられる。

利常が生まれた頃、父利家は肥前名護屋にいて、徳川家康《とくがわいえやす》など諸将とともに太閤豊臣秀《とよとみひで》吉《よし》に仕え信頼を得ていた。利常誕生の三ヵ月前、秀吉の側室茶々（淀君）は秀頼《ひでより》を生んだ。秀吉はすぐに名護屋から大坂城に戻り利家も上方に戻った。一五九四年には秀吉が伏見の前田邸に式正の御成《おなり》を行い、利家は権中納言に昇進、五大老のなかで家康に次ぐ地位についた。翌年秀吉は利家と嫡子利長の二人を秀頼の傅役《もりやく》とし後見を託したので利家・利長は

図1　前田利常画像
（那谷寺所蔵）

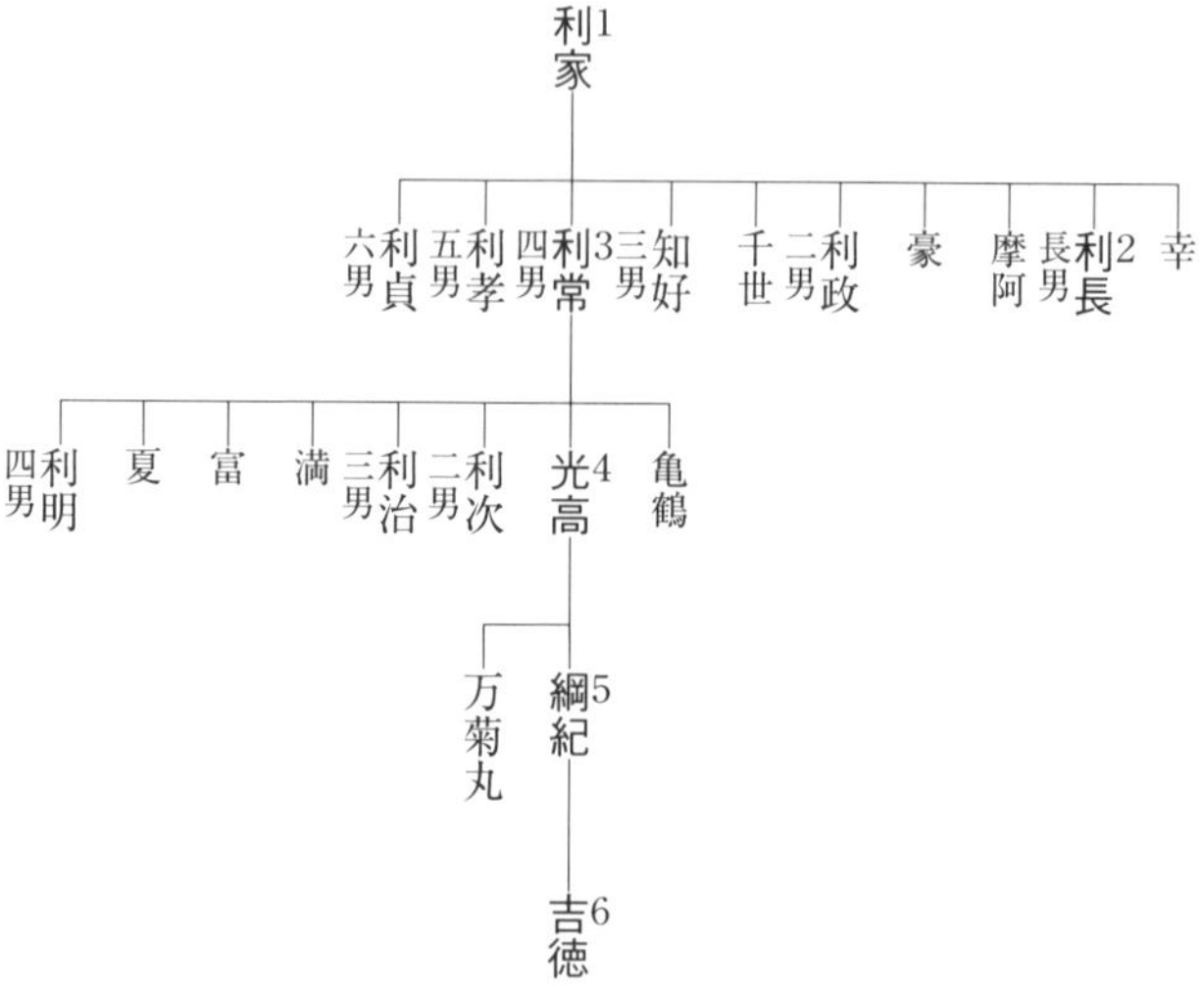

図2　加賀藩前田家略系図

上方常駐となった。四男の利常は、こうした上方の政局と距離を置き、庶子として田舎で伸び伸び育ったようにみえる。

一五九九年閏三月三日、父利家が伏見で死去。その前年の四～六月、利家は上野の草津温泉に湯治に出たが、その折、四男の利常と越中の今石動《いまいするぎ》にて対面したらしい。これが父との最初で最後の対面であった。長種や利長が図ったのであろう。

利家死後の利長は秀頼の傅役、豊臣の大老として大きな責務を負った。五大老筆頭の家康にとっても利長は何としても味方に取り込みたい存在であり、家康の計略の対象となり翻弄された。父利家は利長に何があろうと「三年は上方に止まれ」と遺言していたが、同年八月、死後わずか五ヵ月で金沢城に戻った。家康に騙されたのか真相は不明ながら、利長にとって前田家当主となり初めての金沢城入りであった。富山城にも足をのばし、そこで長種や利常にも会ったのであろう。

利常の幼名は猿千代、史料では「猿」「於猿」とされ「犬丸」「犬松」とするものもある。利長の継嗣となった一六〇一年以後は犬千代と名乗り、一六〇五年元服したときの諱《いみな》は利光であったが一六二九年（寛永六）利常と改めた。本書では幼少期よりすべて利常に統一表記した。

関ヶ原合戦中の継嗣擁立

利常が兄利長の継嗣となったのは、関ヶ原で徳川家康と石田三成《いしだみつなり》ら西軍諸将が激突した一六〇〇年（慶長五）九月一五日頃であった。利長が対戦中の小松城主丹羽長重《にわながしげ》と講和交渉をするなか急遽決まったもので、利長から丹羽に宛てた誓詞に「弟猿を遣し候上は万事、心底を残さず、孫四郎（利政）同前に存ずべく候事」と記す。つまり、弟の「猿」を偽りなく人質として遣わす、継嗣であった弟利政同前と考えてよいというのである。三一歳も年下の弟猿にとっては青天の霹靂、突然継嗣とされ人質になれというので戸惑ったことであろう。

これに対し丹羽が出した誓詞では、「お猿へ縁辺の事、我ら娘、最前内府公へ申し上げ候儀に偽りあらず候」「お猿へ相違あるまじき事」などと記す。講和交渉で弟猿と長重娘の婚儀が交渉材料となり、家康の許可がでれば間違いなく結婚させると約束している。

利長と丹羽が交わした講和誓詞の日付は九月一八日で、その日、利長は一五日の関ヶ原合戦で家康軍が圧勝した一報を受け取った。このあと利長軍は、丹羽軍を先手とし大津・京都へと南下した。二二日、利長は大津城で家康と会談し軍功のねぎらいを受けた。丹羽は家康への拝謁ならず、利長は講和の大義に沿うべく長重のため弁明につとめた。しかし、家康は丹羽の曖昧な態度、利長に対し仕掛けた攻撃などの敵対行動を見逃さず、領知没収（改易）に決した。一〇月末には丹羽領を含む加賀南二郡は利長領となった。

この経緯を振り返ってみると、九月一八日の誓詞は有効に機能したのか、とくに利常が人質に出されていた期間など確かめたいが、確たる史料がない。利常が人質として小松城にいたのはたぶん家康・利長の会談の頃までで、遅くとも一〇月初めに金沢城に戻ったとみるのが妥当であろう。

その頃、家康は丹羽領の没収を決断し、また丹羽の娘と利常の縁談も立ち消えとなっていた。これに代わり家康から出されたのが、秀忠《ひでただ》の娘と利常の婚約である。家康の孫娘を利長の継嗣利常の正室に送り出すという提案であった。利長は加賀南二郡を拝領したうえで、継嗣利常と家康孫娘（秀忠二女珠）の結婚を受諾した。

家康の戦略では、大坂城の豊臣秀頼《ひでより》は関ヶ原合戦以後も健在であり、秀頼の傅役また豊臣の大老として責務を果たしてきた利長を、関ヶ原合戦以後も徳川方に引き付けておくことはきわめて重要で、そのためには母芳春院を江戸に置き続けるのが上策と考えていた。さらに、その代償として継嗣秀忠の二女珠《たま》を前田家継嗣利常のもとに遣せば、前田家側も拒否できず、必ず納得すると判断したのである。

明言されていないが利常の結婚は、前田・徳川の同盟関係を関ヶ原合戦以後も継続させ安定するための証しであった。しかし、母思いの利長にとって苦渋に満ちた選択で、内心喜べない縁談であった。弟利政の出陣拒否さえなかったらと深く悔やんでいた。四男利常が継嗣となるまでは、二男の利政が利長の継嗣であった。父の遺言状でも弟利政を自分の子と思い厳しく仕付けるよう諭《さと》していた。母芳春院もこの遺言に沿って利長と利政による御家安泰を願っていた。しかし、一六歳年下の利政が出陣拒否したことで利長と芳春院の目論見は外れ、利常という腹違いの弟が継嗣となり、家康の孫娘の聟になるという想定外の展開となった。

利政の出陣拒否

それにしても何故、利政は兄の命に背き上方出陣を拒否したのだろうか。真相は不明だが、石田三成らが策を弄《ろう》し利政の妻子を一六〇〇年（慶長五）八月頃上方にて人質に取ったので、妻子の安否を優先し石田方との合戦に出るのを避けたという旧来の説が妥当と思われる。兄利長の親徳川政策に反発し石田方に内通したという説は、関連する史料をみる限り採用できない。また兄利長が家康に母芳春院を人質として差し出したことに怒っての行動という説もあるが、事態の推移からみて合理的な説明といえない。

利長は一六〇〇年一一月一〇日、江戸の母芳春院の側に詰める村井長頼《むらいながより》宛書状で「今度の戦いの骨折り分として、家康から加州二郡を下された。かたじけなく思っているが、それにつき我らの弟猿に、中納言徳川秀忠殿の姫君（珠）を給わることになった」と知らせ、そのあと母芳春院を江戸から戻してくれない家康の不実さに不満をもらす。今度の大乱で家康に味方し粉骨したのは、母芳春院の人質を早く解くためであったのに、母は解放されず、なお江戸に置くという家康の処置に、利長は内心憤っていた。

利長は別の書状（慶長五年九月五日付）で、利政に再度の上方出陣を求めたとき「かくも判断が違ってしまったのは巡り合わせが悪いからだ。（利政のように）上方にて妻子を人質に取られた者は多数いる。利政の母芳春院も（人質として）江戸にいる。そのうえ私は利政の主君であり親代わりでもある。（利政は）妻や子女たちを棄てても苦しくない立場ではないのか。出陣拒否はおかしな対応である。しかし、倅のことを大切に思う（利政の心底）は理解できる。（母上は）このような愚痴は聞き流し心安くされたい」と江戸の村井長頼に本心を吐露する。この書状は母に聞かせるため書かれたものだから、利政の出陣拒否が与えたショックの大きさを率直に知ることができ、利政による想定外の出陣拒否の背景も窺える。

こうして豊臣の大老として家督を継いだ兄利長の、継嗣利政に対する期待は無残に裏切られ、前田家の命運は四男利常に託されることになった。なお三男知好《ともよし》も側室の男子で利常より三歳年上だったが、一五九七～一六〇四年は能登石動山《せきどうざん》などに出家していたといい継嗣候補から外れた。利長・利政という芳春院の実子二人がこのように敵対し離反したことで、芳春院は心を痛め、何かにつけ双方を慰め、家康の所行を憎んだ。

利常との婚姻を約束された姫君は、金沢では珠姫の名で親しまれ、一六二二年（元和八）二四歳の若さで亡くなるまで三人の男子と五人の女子を出産した。この三人の男子は、前田家と徳川家の絆を深くするうえで、寛永期の幕政と加賀藩政に大きな足跡を残したので、あとで詳しくふれたい。

徳川の姫君と婚姻

一六〇一年（慶長六）九月晦日、まだ三歳の珠姫が江戸からはるばる加賀国に輿入れした。父秀忠は当時江戸大納言と呼ばれ、二代将軍となるのは一六〇五年であった。珠は秀忠の二女で、江戸では子々《ねね》と呼ばれていたが入輿したのち珠となるので、本書は珠姫・天徳院《てんとくいん》で統一する。

珠姫の輿入れ行列は天下人となった家康の孫娘だけに大勢の家臣・侍女が随行した。徳川家重臣の大久保忠隣《おおくぼただちか》・青山忠成《あおやまただなり》らが見送りの使者となり、忠隣は前田家側の迎えの使者前田長種に珠姫の輿を越前金津にて渡した。こうして九歳の利常との婚儀がなった。

一六〇一年以後、前田領となった能美郡小松城に城代として前田長種が置かれたが、翌年利常が小松城に移ったと記す証言がある。「お犬様、小松へ御わたまし、付き申衆」（『象賢紀略』）として、傅役の奥村伊予守（家福）以下、岡嶋備中（一吉）・奥村河内（栄明）・横山右京・津田遠江および新座衆が列記される。このとき小松衆として利常に随行した者の筆頭は、尾張以来の前田家老臣奥村家福《おくむらいえとみ》と嫡子栄明《ながあきら》、そして利家取立の有力武将岡嶋一吉《おかじまかつよし》らで、彼らが長種とともに前田家の継嗣利常を指南し、盛り立てたのである。

金沢城に珠姫を迎えた利常であるが、翌年には小松城に在城し、珠姫は金沢城主利長のもとに置かれた。一六〇一～〇五年の利常の居所については不明な点が多かったが、利常が家督を継いだ一六〇五年七月に金沢城に移ったと述べる利常書状写（七月二七日付村井長頼宛、「加賀古文書三」）が最近確認されたので、それまで小松城にいたとみるのが妥当である。

利常が小松城に移った背景は、領国防御という戦略的な観点からとみてよいが、金沢城で利長と仲良く同居しにくい環境にあったことも考慮すべきであろう。前述のとおり利長は異母弟利常を継嗣とする決断を下したが、その利常が徳川家の聟となったことで、母芳春院の人質は解かれず、利長の内心は憤懣が鬱積していたにちがいない。

幼い姫君は人質として金沢城で丁重に待遇された。聟である利常はまだ元服前であったから小松城の奥村父子や長種に預け、領主たる気構えなど指南させた。利長としては母が金沢に戻るまで「御家の安泰」と母帰還を第一に領国経営にあたった。豊臣秀頼の傅役であったことの負い目と義務感を持ち続けていたことも確かだが、結果として前二者を優先した。利常を家督に据え徳川家との関係改善や嫌疑解消に利用したのはその証拠である。

家康が利長の母芳春院を江戸に置き続けた理由は、豊臣の大老をつとめた利長を徳川家の忠実な味方として引き付けておくためであり、利長最大のウィークポイントが芳春院だと知っていたからである。

利常、藩主となる

一六〇三年（慶長八）二月、内大臣家康は朝廷から征夷大将軍に任命された。一般に江戸幕府成立とされる出来事である。このあと家康は大坂城の秀頼のもとに出座することをやめた。家康は、もう豊臣の家来ではない、その態度を明確にし、すでに獲得した天下人の地位を万全とするため翌年から、江戸城や江戸市街の土木工事に諸大名を動員した。徳川幕府による公儀普請の本格化である。家康が天下人たることを知らしめるうえで将軍家康が号令した公儀普請は効果抜群であった。前田利長もこの公儀普請の命を受け石材運搬用の船の提供に応じ、領内の船頭・水主を江戸や伊豆方面に出役させた。

一六〇五年四月、家康は将軍職を秀忠に譲った。これにより豊臣秀頼は、政権の座から遠ざけられたわけで、隠居した家康による秀頼抹殺の策謀も本格化した。徳川の将軍権力が永続するには、秀吉の嫡男秀頼が一定の権威を保ち存在し子孫ともども存続する事態は避けねばならなかった。天下を二分する争乱の原因を一掃するため、大坂城の豊臣氏とそれに与同する勢力を駆逐する政略が、以後一〇年かけ断行された。

この一〇年は利長にとって屈辱的な時期であり、秀忠の将軍就任はその序曲であった。

これを察知した利長は、同年三〜四月、継嗣利常とともに上方に出て、家康・秀忠に謁見し、利常の元服と自身の隠居を告げた。伏見城の家康はこの申し出を歓迎し、四月八日利常に松平姓を与え、従四位下侍従兼筑前守の官職を与えた。これが外様大名への松平姓賜与の最初だという（藤井譲治『徳川家康』）。この謁見が終わると利長はさっさと上方を去り帰国した。残った一三歳の新藩主利常は岳父秀忠の将軍宣下のあとの四月二六日、家康・秀忠に随行し「加賀侍従」という家格で参内した。

利長は秀忠の将軍宣下に伴う儀式に出たくなかったのであろう。家督を利常に譲ると急ぎ帰国したが、家康の心証を悪くしたに相違ない。その後の家康による利常重用、利長への難題申し付けという前田家対応の伏線となった。利長は利常が帰国するや六月二八日、富山城への移転を断行する。隠居したので居城を富山に移すというのである。利長の富山城移転が終わったあと七月二七日までに、利常は小松城から金沢城に移った。

利常の年寄衆と「藩公儀」

利常にとって突然、前田家の継嗣に抜擢され、さらに将軍の聟となって、前田家の家督を継ぐという予想外が続き、若年の当主として動揺することもあったであろう。しかし、藩主の座についた一六〇五年（慶長一〇）以降の利常の事蹟をたどってみると、元服したばかりの若君と思えない働きぶりであった。駿府城（一六〇七年）・名古屋城（一六一〇年）・禁裏（一六一一年）・仙洞御所（一六一二年）・高田城（一六一四年）と相次ぐ公儀普請を見事にこなしていった。岳父秀忠やその周辺の援助もあったのであろう。

しかし、領国全体の統治は富山城に隠居した利長が、終生掌握していた。利長は奥村家福・篠原一孝《しのはらかつたか》・横山長知《よこやまながちか》という腹心の家老を金沢城の利常のために付け置き、家中統制ほか村・町向けの法令や財務など藩の政務は、この三年寄（前田家の家老は以下、年寄とする）から布達させた。利長の御意を得て利常付きの年寄三人が藩政を執行した。家福・一孝・長知ら三人の連署状は奉書であるが、以下では「藩年寄連署状」と呼ぼう。利常が家督を相続した一六〇五年八月二一日付が初見であり、一六一三年二月まで三五点発行されている。一六一一年から奥村家福に代わって嫡子栄明が連署するという変化があったが、三人連署の形は堅持された。三年寄以外の年寄連署状も発給されたが、あとでふれたい。

加賀藩一二〇万石の藩主となった利常は、弱冠一三歳の藩主ゆえ、利長が然るべき年寄衆を利常の側に置き藩政の重要事項はすべて藩年寄連署状で布達した。これは隠居利長の政権構想によるもので、利常の行動は隠居利長と年寄衆によって掣肘《せいちゅう》されていた。利常付きの三年寄は、利常・利長双方の御意を奉じ連署状を発給したが、これにより藩主権限は相対化され隠居利長の意向どおりに藩政は運営された。その結果として、年寄衆も参画した「藩公儀」という藩政の中枢組織が他藩に先駆け構築され、その後の藩権力の在り方

図3　加賀藩前田家3ヵ国12郡配置図
（出典）見瀬和雄『前田利長』（吉川弘文館，2018年）をもとに作成．

に影響を与えた。この点は注目すべき加賀藩政の特徴であり、その後の展開に注意したい。

つまり加賀藩では一六〇五年段階から、藩主個人が法的主体となることに制約がかかり、隠居のほか年寄衆などの意向も汲み取り藩政が運営される伝統が形成された。むろん、藩主が最終決定権を持つという建前はあったが、巨大な家臣団を前田家中として一つに統合するとき、「藩」という法的主体が必要であり、それは藩主個人の判断や私意でなく、家中全体の利害に即したものと認識される必要があった。藩主の御意は絶対服従すべきものであったから、家中全員が納得しうる御意である必要があり、それゆえ、藩主の御意や大名家のことを「公儀」と表現し、隠居・一門・年寄衆・重臣の合意や支持により担保されていることをアピールした。それが「藩」という法的主体の内実であり、これを「藩公儀」と呼んでおこう。藩公儀は利長の隠居前から模索されていたが、利常の藩主就任を契機に年寄連署状が多数出され、そのなかで「公儀」という言葉が多用されたことで現実的な制度として動き始めた。

隠居利長と藩公儀の継承

利長が始めた藩公儀

織豊期から徳川幕府成立期に「公儀」という言葉が、支配者側の理念として頻繁に使用された。それゆえ近世初期の国家体制を「公儀」国家と呼ぶこともある（藤井譲治『幕藩領主の権力構造』）。公儀という言葉は地方の大名も用いた。戦国大名のなかにも公儀を自称し領国を地域国家として支配した前例があり、公儀は天下統一を果たした覇者だけでなく、国持大名《くにもちだいみょう》も家中を一つにまとめるため、また地域統合のため用いた。戦国大名や近世大名は家中を統合し、領国内で多発する村・町相互の紛争や個別領主と惣村《そうそん》の対立などを公正に裁定することを求められていた。家臣団を一つにまとめ、かつ領国の合法的支配や公正な裁判を行う主体として公儀という理念が必要であり有効であった。

戦国大名・室町将軍あるいは織豊政権・徳川幕府が主張した「公儀」と区別するため、近世大名が言い始めた公儀は、本書では「藩公儀」とし区別する。前田利長と利常は、この藩公儀を早くに主張した大名として注目される。藩公儀を標榜した加賀藩最初の藩主が利常であった。隠居利長のもとで、これを受け継ぎ成熟させた。

利長・利常が最初に公儀という言葉を使ったのは、一六〇六年（慶長一一）九月の藩年寄連署状であった。先代の利家・利長が諸役を免除すると認めた証文があるのに課税されたのは不当という訴えが、能登の羽咋村《はくいむら》からなされ、年寄衆は「先代の墨付があるゆえ、諸役は免除とする、なお従来公儀に上げている塩釜役と舟の御用は無沙汰せぬように」と裁定した。この連署状に高山右近《たかやまうこん》・岡嶋一吉・山崎長鏡《やまざきながあきら》・中川宗半《なかがわそうはん》という利長政権の重鎮のほか篠原一孝・横山長知など利常付き三年寄も連署していた。

一六〇三年から一三年にかけ、既述の篠原・横山ら三年寄ほか奥村栄明・長連龍《ちょうつらたつ》・寺《てら》西宗与《にしそうよ》・斎藤景継《さいとうかげつぐ》など十余人の年寄衆のうち六〜八名が連署した裁判の裁定状や触書・算用状など多くの藩年寄連署状が発給され、藩公儀の意向が家中や村・町の領民に知らされた。登場したばかりの藩年寄連署状は、藩公儀の意志表明の下達文書として大きな役割を果たし、利長・利常の政治は、藩公儀を担う藩年寄衆の連署状にて執行されたのである。

利常の治世は五〇年以上に及ぶが、多様な年寄連署状が数多く発給された。このうち藩主になったばかりの一六〇五年（慶長一〇）からの約一〇年は、前述の利常付き三年寄（奥村父子・篠原・横山）の連署状が藩政の主役を担ったが、一六〇三年頃から一六一一年頃まで、これと異なるタイプの年寄連署状が数点出ており注目される。これは藩公儀の法廷が受理した訴えに関し裁定結果を伝えた連署状であり、法廷への上訴の仕方などもふれる。高山右近・岡嶋一吉・山崎長鏡・中川宗半など政権の有力武将（年寄衆）が五人以上連署する点も特徴である。

年寄衆の法廷と年寄連署状

この裁決伝達の連署状は、利長が一六〇一年五月に発した裁判に関する法度一九ヵ条で百姓らの訴えを受理する「奉行所」を設置すると表明したことで、発給が始まったものである。この時期、藩が設けた法廷があったことを示すので注目される。

一六〇一年五月発出の一九ヵ条によれば、①訴訟人は公事銭三〇〇疋を持参し、勝訴すれば返金、負ければ没収、②家中や領民の喧嘩・徒党・博打・狼藉・殺人などの訴訟案件は、奉行人に指名された利長の重臣たちが受理し、数名の奉行人が審議し合議したあと、利長の御意を受け裁定を下す、③「理非《りひ》決断の儀は多分《たぶん》に付くべき事」とあるので、裁決は奉行人の多数決で行った、④奉行人が「贔屓の者、申し沙汰する」ことは厳禁され、訴人と利害関係にある者は奉行人から除外すること、などが布令されていた。

利長政権のもとで重臣らが奉行人すなわち裁判官となり、村・町や家中から上訴された案件を受理する法廷があり、裁判結果は前述の裁決伝達の藩年寄連署状にて下達された。こうしたことが右の一九ヵ条や年寄衆連署状からわかるのである。裁判官に当時利長が重用したキリシタン武将で茶人として著名な高山右近が抜擢されていた点も注目したい。

利長は関ヶ原合戦の翌年、このような公事裁判の法廷を設け、藩主独裁でなく重臣を裁判官とし相談・合議する場を設けた。藩公儀の裁判の場といえ、それは富山城に隠居してからも続いた。むしろ、利常に家督を譲ったあと従来以上に重臣や利常との合意形成に意を注ぎ、一六〇五年以後、「公儀」という言葉が年寄連署状あるいは、村からの上申や訴状などに頻繁に出てくる。その代表例は、一六〇七年五月三日に発給された一一ヵ条の触書写（菊池文書）である。前田領三ヵ国の六人の郡奉行《こおりぶぎょう》に宛てた三年寄連署状だが、そこに一一ヵ所も「公儀」という言葉がみえ、設置されたばかりの十村組《とむらぐみ》「頭《かしら》肝煎中」に、配下での紛議につき内済権限を認め、そこで済まない案件については年寄衆に上申し公儀の法廷に上げるよう指示した。また逃散百姓の探索と召返しは郡奉行と十村組の責務とし、給人領主の関与を排除した。郡奉行と十村組頭肝煎中に対しても依怙贔屓を厳禁し、公正な職務執行を強く命じ「公儀御分国の御為」悪事を働けば一類ともに成敗すると締めくくる。

隠居利長は利常に政権移譲する直前に、前田領一二〇万石を対象とし藩公儀という理念を明確に打ち出し、公正・公平な藩政を進めることを表明した。家康からの圧力があり、家中内部では利長の柔弱な政治姿勢に反感をもつ者もいたが、藩公儀を前面に出した政治姿勢は揺るがず、利常とともに励行につとめ、利常はこれを継承した。

隠居利長の政権移譲表明

利常は弱冠一三歳で一二〇万石の前田家当主となったが、既述のとおり実権は隠居利長が握っていた。ところが一六一一年（慶長一六）、病状の急な悪化に加え家康から相当な圧力も受け、利常に政権を移譲することを何らかの形で表明したらしい。

これまでの藩政史では、同年五月一五日付利長書状三点などを「利長遺誡《ゆいかい》」と呼び、利長による利常への政権移譲の重要な証拠史料としてきた。しかし、現存の「利長遺誡」三通などはいずれも延宝期以後の写本であり、宛名が伝本により異なり、その時点でまだ召抱えていない本多政重《ほんだまさしげ》（直江安房守）の名前があるなど不審な点が多い。また利長の行動をたどってみると、「利長遺誡」のあとも利常に指南を行い、一定の影響力を持ち続けたので、この政権移譲表明を、どう受け止めるか判断が難しい。この年、政権移譲の意図を利常に伝達し、彼の権限が拡大したことまでは事実とみてよいので、その程度に理解しておく。

利長は一六〇九年三月、居城の富山城が焼失したので、駿府の家康に慎重に新城建設の伺いをたてたが、家康から「いずかたなりとも其方次第」、気遣いなく城普請を進めてよいと返答があった。そこで前田領三ヵ国から人足や資材などを動員し、射水《いみず》郡《ぐん》高岡で新城を築き、同年九月高岡城に入った。

しかし、一六一一年になると腫物が悪化し、予定されていた春の上洛は幕府から宥免《ゆうめん》され、利常が前田家を代表し二条城に出仕した。家康と将軍秀忠は揃って上洛し、後陽成天《ごようぜいてん》皇《のう》の譲位と後水尾天皇《ごみずのおてんのう》即位を取り仕切り、そのあと二条城で豊臣秀頼に面会し臣従の礼を取らせた。これは徳川と豊臣の地位逆転の姿を演出したもので、そのあと家康は四月一二日、二条城に利常など二二人の在京有力大名を招き、幕府への忠誠と公儀法度の遵守、殺害人・反逆者の召抱禁止など三ヵ条の誓詞に署名させた。

こうして利常は徳川公儀権力に結集した有力国持大名の正式メンバーとなり、隠居利長の地位は後景に押しやられた。さらに、この上洛中、藤堂高虎《とうどうたかとら》から本多政重仕官のことが利常に持ちかけられた。利常はまずは利長に相談すると保留し帰国したが、兄への気配りである。こうした一連の政局に利長は苦悩を深め煩悶した。徳川の公儀政権は利常を前田領の正統な領主としてより明確に待遇し始め、利長の隠居としての君臨は限界にきていた。

家康による公儀国家形成がここまで進んだ現実を知り、利長は御家安泰を第一に、利常に政権移譲を何らかの形で伝えたのである。現在伝来する「利長遺誡」に若干の粉飾があることも留意しみていくと、利常が署名した三ヵ条誓詞の遵守、つまり徳川「公儀」への忠誠と、家中一和を徹底し要求した点が注目される。

このうち家中一和の要請は時宜にかなった戒めで、利長の苦悩の一端が表出されたものと解したい。一六一一年の前田家中は分裂の危機にあったからである。関ヶ原合戦前後から、利家遺言に背いた利長への不信感が家中に渦巻いており、家康の横暴への非難、豊臣秀頼への同情などと複雑に融合した憤懣がたまっていた。利長は、これが表に出てくることを警戒し、徳川の公儀に従うことが自分と利常の「御為」になると「利長遺誡」で繰り返し諭した。家中内部に潜在する反徳川意識を払拭し、徳川将軍の聟である利常への反発を解消するには、利長が前田家総帥の地位にあることは矛盾を深めると考え、政権移譲という自己否定の内意を示したことは十分あり得る。実際「利長遺誡」どおり、利長がこれを実践したとするなら立派な引き際といえる。しかし、実情は少し異なっており事情は込み入っていた。

本多政重の前田家再仕

一六一一年（慶長一六）、利常・利長がそろって本多政重の再仕を決めたことは、従来、徳川家への服属を強めるものとされてきた。政重の父正信《まさのぶ》は駿府の家康政権の側近であり、兄正純《まさずみ》は将軍秀忠の年寄衆として重き地位にいたからである。しかし、利長が課題としていた「家中一和」とは整合しない。政重再仕を認めることは前田家中に渦巻く不信と対立・不和を助長させるものであったからだ。高山右近の重用もそうである。利長は家中不和をあおる事を進める一方、家中一和も求め、徳川公儀への絶対服従を説くという矛盾した舵取りを行っていた。隠居利長が前面に出ようとすると、矛盾が深まるばかりで、利常の立場を危うくする面もあった。

政権移譲表明のあと、利長と利常は同年六月本多政重の再度の仕官を受け入れ、知行五万石という破格の待遇を約束した。藤堂高虎が駿府の大御所家康、また江戸の将軍秀忠の年寄衆らに根回しし了解を取り付け、前田家側の疑念を払拭した結果であるが、前田家の家中不和の要因は増えた。

本多正信の二男であった政重は、あちこちの大名家を渡り奉公し、奔放な人生を送っていた。宇喜多《うきた》家に仕えていたとき関ヶ原合戦があり西軍の武将として兄や父と敵対したという。また一六〇二年に利長に招かれ仕えたが、間もなく上杉景勝《うえすぎかげかつ》の家老直江《なおえ》氏《し》から誘いを受け一六〇四年に金沢を去り、直江兼続《かねつぐ》の聟養子となって直江安房守と名乗った。事情があって直江家を去り牢人していたおり、高虎が前田家に再仕を斡旋してきた。利長とは旧知の間柄であったが、前田家を去ったには、それなりの理由があったのではないか。政重にとって再仕には遠慮もあったであろう。まして将軍秀忠の乳母の子を殺害したほか、西軍に従軍したなどの前歴もあり、三ヵ条誓詞にふれるおそれがあった。そこで前田家は駿府と江戸の意向を確かめたうえで、という条件をつけた。

政重登用は、このように前田家を去った前歴のある者を破格の知行で召し抱える案件であり、家中に波風が立って当然の事件であった。徳川の公儀を尊重せよと「遺誡」などで繰り返し述べ、政重再仕を受諾したが、家臣の反発や動揺を招いた。しかし、利常は、利長とは別の観点から、政重召し抱えは家中不和というリスクを押しても有益と判断したのである。利長はこれを支えるため、何らかの表明を求められていた。家中全体に理解を求めるため、後付けで粉飾されたかもしれないが「遺誡」が必要とされていた。

家中が一つにまとまり、利常という新たな当主を盛り立てていくことが、この時期の前田家に求められていた。真偽はともかく「利長遺誡」のねらいもそこにあった。一六一一年七月、前田家のため政重再仕は必要ということが十分納得されない状態であったが、政重は金沢に来住した。

キリシタン高山右近の追放

この頃、前田家中が分裂する要因がもう一つあった。それは一五八八年（天正一六）末から前田家に迎えていた高山右近を、利長が重用したことである。秀吉は一五八七年、九州博多でバテレン追放令を出し、明石六万石のキリシタン大名右近に棄教を迫ったが、右近は毅然と拒絶、大名の地位を棄て九州に去り難をさけた。ところが、さまざまな事情が重なり前田利家のもとに寄寓することになった。秀吉の差し金とみられ、利家のもとにしばらく置いて、様子をみたのち再仕させようとしたのである。前田家では当初の罪人扱いを改め、相当の知行も与え厚遇するようになったが結局、秀吉の思いは遂げられなかった。

右近への厚遇は畿内大名としての経歴や高潔な人格、茶人としての技量が評価されてのことであり、一五九四年（文禄三）秀吉の前田邸御成のとき、右近も重臣の一人として出座、秀吉に拝礼した。利長は右近の父を越中守山城に迎え私淑し、前田家の重鎮となった右近にも感化され、大坂城を訪問したバリニャーノに一五九二年、洗礼を願い出たと宣教師は報ずる。

バリニャーノは、この時点で利長のような高貴な大名が入信することは秀吉の怒りを増幅させると申し出を断ったが、秀吉そして父利家が死去したあと、利長の右近重用は顕著となり、関ヶ原合戦前の出陣では一軍の将として従軍させ、利長を助けた。金沢城下を防御する惣構《そうがまえ》や高岡城の建設に協力したといわれ、利長は深く信頼していた。

また右近の願いにこたえ前田領でのキリスト教布教を公認し、奨励したという。その結果、金沢城下や右近の知行所のあった能登の子浦《しお》には教会堂が建設された。金沢の教会には一六〇一年（慶長六）に司祭が派遣され、一六〇〇～一八年まで金沢でキリシタン文化の華が開いたといわれる。右近の懇望により利長は内藤如安《ないとうじょあん》や浮田休閑《うきたきゅうかん》などのキリシタン牢人を招聘し、右近の知行高は二万石以上、彼の家臣や家族、奉公人や領民の間にキリシタンが増えた。親交を結んだ武士にも布教され、受洗者は合わせ一〇〇〇〜一五〇〇人といわれる。

だが右近の布教態度はきわめて慎重で控え目であった。利長が家康の禁教姿勢を警戒し極度の危惧をいだいていたからという。利長は家康の謀略を恐れ、御家安泰を優先し入信することはなかった。しかも家康が禁教令を発すると利長はすぐ反応し、右近らの追放に同意した。内心密かに、この災いを予想していたのである。このような利長の姿勢は宣教師によって逐一、ローマのイエズス会本部に報告されていた。

右近による布教活動と右近に傾倒する利長の態度を不快とする前田家臣もかなりおり、家中は右近を敬愛し親交を結ぶ者たちと、これを忌み嫌う者に分裂した。利長が信頼する重臣の一人横山長知は、右近の人柄に引かれ家族ぐるみの親交を重ねた。その結果、長知の嫡子康玄《やすはる》は、右近の娘ルチアと一六〇三年に結婚し、受洗した。しかし、一六一三年一二月に家康の禁教令が出て、諸大名が召抱えるキリシタン家臣は即刻召し放ちとされ、内藤如安と右近は指名を受け京都所司代板倉勝重《いたくらかつしげ》のもとに一六一四年正月一七日送致された。右近は家族ともに長崎に送られ、さらに一〇月マニラに追放され、その地で一六一四年二月三日に死去した。日本の暦では慶長二〇年正月六日であった。

慶長一九年の危機と利長の死去

大坂陣が間近となった一六一四年（慶長一九）、利常は正月から越後高田城の公儀普請を命じられ本多政重ら重臣たちを派遣し、三月一日から工事に着手した。これと並行し、前述のとおりキリシタン高山右近ほか内藤如安・浮田休閑・芝山権兵衛《しばやまごんべえ》など著名なキリシタン家臣を召し放ち、身柄引き渡しにも積極的に応じた。右近らの武力抵抗も予想されたが、右近は冷静に事態を受け止め、利長と前田家中の厚遇に篤く感謝し幕吏の捕縛に身を委ねた。正月一七日のことという。利常はこれに安堵したが、利長や横山家にとっては苦々しい処置であった。

家康の禁教令は、大坂城の豊臣氏を攻略する布石であり、かつ駿府政権内部に入った亀裂を修復する意味を持ったが、大局的にみるとスペイン・ポルトガルという南蛮国の植民地政策（国威発揚）の危険性を嗅ぎ取り、その尖兵となっていた宣教師とキリシタン武将を駆逐することが最大の目的とみるべきであろう。

その頃、「三ヵ条誓詞」に違反する不逞の牢人たちが大坂城の秀頼のもとに集まっていた。とくにキリシタン牢人が多かったから家康は禁教令を発し、各大名家からキリシタン武将を排除することを急いだ。それゆえ、一六一四年の正月早々から前田家中に深刻な動揺がはしった。とくに利常の側近年寄であった横山長知には、受洗した康玄が妻ルチア

（右近娘）と離別するという事件もあり苦悩は深く、長知は主君利常に断りもなく突如、剃髪し菩提寺松山寺（曹洞宗）に出家した。禁教令の発令で、前田家中からは長知・康玄父子に厳しい非難の声が出たからで、隠居利長すら批判の標的になった。

長知が無断で主従の縁を切る挙に出た背景を探ると、前田家中の分裂と動揺の大きさが窺える。長知は康玄・長治《ながはる》という二人の男子とともに、秘かに国を出て山科や比叡山などに潜航した。これが長知出奔事件であるが、真相は不明なことが多く、利長・利常父子の苦境が倍加したことは間違いない。

病床の利長は、事態収拾を本多政重に頼んだ。政重は幕府へのとりなしを行い、出奔した長知に前田家帰参を説得した。その甲斐あり利長死後、利常の大坂出陣の折、長知父子は越前浅水にて復仕した。横山父子の再仕でみせた政重の手腕はただならぬものであった。秀忠が利常を補佐した横山長知の資質を熟知していたことも復帰を早めた要因であろう。利常としては家臣団の動揺を防ぐことで精いっぱいであった。

利長はこうした難題が続出するなか五月二〇日、高岡城で逝去した。享年五一歳であった。死去直前の三月一〇日、大坂城の秀頼側近大野治長《おおのはるなが》から、徳川との関係を断ち早々に上洛し指南されるよう催促してきた。最期までこうした誘いが届く所に利長という大名の個性がみえる。徳川政権に従属すると決めたはずなのに、豊臣家の大老・傅役という過去にも責任を感じ続けていたのである。

三ヵ国領知安堵

利長死後の一六一四年（慶長一九）六月、利常は重臣らと「三ヵ国仕置の事」や領内各所に置いた城代の入替のこと、また利長から遺言されたことなどにつき相談した。利長が死去直前に家康や幕府に突如上申した高岡城破棄、隠居領返上の件も後始末が必要であったが、利常はこれらの処理を本多政重にたのみ、幕府側と折衝にあたらせた。

この頃、利常が頼りにした重臣の第一は本多政重である。奥村栄明《ながあきら》と彼の弟栄頼《ながより》や前田長種なども重大事を扱ったが、一六〇五年以来、藩公儀の重要事項を取り扱った横山長知は出奔、篠原一孝は病気がちで人材は不足していた。さらに出頭目覚ましく期待された奥村栄頼は、横山長知への敵愾心が強すぎ、排斥した長知が復帰すると利常のもとを去る。それゆえ、この時期、利常が心底頼りにできたのは政重と長種の二人であった。彼らの働きにより一六一四年の危機的な家中混迷を何とか乗り切った。

一六一四年九月、利常は代替わりの挨拶のため駿府ついで江戸に赴き、大御所家康と将軍秀忠に拝謁した。その折、利長の旧領約一二〇万石の領知を安堵され、徳川家から初めて領知宛行の判物《はんもつ》（花押を据えた領知認定証文）を拝領した。九月一六日に家康から得た判物には「加賀・能登・越中三ヵ国の事、一円仰せ付けらるべく候」とあり、これを受けた九月二三日付の将軍秀忠判物には「家康の領知判物の旨に相違はない。いよいよ忠勤に励め」と記す。つまり隠居した家康がなお天下人として最高の土地領有権を掌握し、彼が執行した領知宛行を将軍秀忠が追認し安堵するという形式が取られた。

豊臣政権の大老をつとめた国持大名前田家の幕藩領主（大名）としての法的地位は、大御所と将軍の両者から安堵状が出て確定された。幕府による国制整備はこのあと急ピッチで進む。なお利常の官位は九月二三日付で、侍従から左近衛少将に昇進した。

一〇月一一日利常は揚々と帰国したが、金沢城到着の前日、幕府から大坂出陣の陣触れが届いた。帰城するとすぐ大坂出陣の陣立てを定め、一三日には大坂出陣の軍令を発した。大坂冬陣の始まりであった。

隠居領新川郡も利常領に

利常は家督となったあと、駿府城・名古屋城・高田城とつぎつぎ公儀普請に応じた。諸大名中で最も大きい領知高であったから、課された普請役も最大となった。利長の隠居領返上問題は、前田家に課した普請役の基準高（石高制軍役）に関連するので幕府の関心をひき、隠居領新川郡《にいかわぐん》の帰属が問題視された。これは利長にとって意外な弱味になったようで、隠居したとき隠居領を明示しなかったことも問題をこじらせた。

隠居当初、利長は隠居領を特定しないまま従来どおり前田領全体を監国し、越中西三郡

表2　前田利常略年譜

西暦	和暦	年齢	主な出来事
一五九三年	文禄二	1	一一月、前田利家の四男として、金沢城に生まれる
一六〇〇年	慶長五	8	九月、関ヶ原合戦時、二代利長の継嗣となり小松城の丹羽長重の人質となる
一六〇一年	慶長六	9	九月、継嗣利常のもとに徳川家康の孫娘珠（秀忠二女）が輿入れする
一六〇五年	慶長一〇	13	四月、家康の伏見城にて一三歳で元服、家督を継ぎ筑前守兼侍従となる。六月、利長は富山城に隠居。七月、金沢城主となる
一六一一年	慶長一六	19	四月、利常ら二二人の有力大名、二条城にて三ヵ条誓詞を幕府に提出。五月、利長、利常に政権移譲を表明。七月、利常、本多政重を召し抱える
一六一四年	慶長一九	22	正月、重臣であった高山右近を改易、京都に送致。五月、利長、死去。九月、家康と将軍から領知判物受ける。少将に昇進。一〇月、大坂冬陣に出陣
一六一五年	慶長二〇	23	五月、大坂夏陣に出陣。閏六月、利常、参議に昇進。本多政重・横山長知は陪臣叙爵を受け、利常の筆頭年寄となる
一六一六年	元和二	24	六月、検地条例を発し、加賀・能登で元和総検地を行う
一六二六年	寛永三	34	八月、利常上洛し中納言となる
一六二七年	寛永四	35	九月、国元の本多・横山に能登奥郡の蔵入地化を指令する

一六三一年	寛永八	39	三月、農政五八ヵ条発令。四月、金沢城下の大火で城焼失。一二月、利常・光高父子、大御所秀忠の病状悪化を受け参府
一六三九年	寛永一六	47	六月、利常の隠居、将軍許可する。嫡男光高に家督譲る。弟二人に分藩許され富山・大聖寺の両支藩できる
一六四五年	正保二	53	四月、四代光高、江戸藩邸の宴席で急死。五代綱紀が家督と光高領を相続。祖父利常が綱紀の後見人となる
一六五一年	慶安四	59	四月、三代将軍家光、死去。この年、改作法に着手
一六五六年	明暦二	64	八月、利常、開作地となった領内全村に村御印を下付し、年貢皆済を督励。
一六五七年	明暦三	65	正月、江戸で大火、四月、利常、江戸参勤。領内の年貢皆済を幕府に報告
一六五八年	万治元	66	三〜九月、江戸城天守台石垣の公儀普請に従事。七月、綱紀のもとに保科正之の娘が輿入れ。一〇月、小松城に帰り死去

で一六〇五年（慶長一〇）に総検地まで実施し、冬にかけ大がかりな知行割も行った。同年国絵図を幕府に提出しており、この時点で三ヵ国一二郡の合計領知高は一一九万石であった。さらに一六〇七年六月の諸大名の「知行高覚」（永青文庫蔵）は、前田利常の領知高を一一九万石余と記す。その後、一六一〇年の名古屋城石垣普請の役高は利常一〇三万

石、また翌年の禁裏造営役高は利常一〇三万石と利長一六万石に明確に区分された。おそらく一六一〇年の名古屋城公儀普請の頃から新川郡一六万石が利長隠居分と公認されたのであろう。

さらに家康からの圧力を強く感じた利長は一六一一年、隠居領は新川郡一六万石と限定し、富山城に随行した利長家臣が多すぎと忖度《そんたく》もして、知行合計約一〇万石分に相当する家臣三〇余名を金沢城の利常に戻した。すべて家康に忠誠を示すためであった。

しかし、この家臣返上はかえって幕府の嫌疑を呼び起こし、新川郡はいつ太閤蔵入地から前田領に編入されたかと詮索された。前田家側に確たる証拠がなく説明に窮した。しかし、利常の依頼を受け本多政重が弁明した結果、一六一三年には了解を取り付け結着した。しかし翌年、利長は何を思ったか身の潔白を証明するため、あえて新川郡の公儀返納などを言い出し、高岡城を破却し上方に蟄居すると幕府に申し出た。利常と政重は困惑し、これを必死に押し留めるなか、利長は危篤となり死去した。

そのあとの九月、家康は上述のとおり利常に隠居領新川郡も含めた三ヵ国一円、つまり一二郡一一九万石の前田領すべての領有を公認する領知判物を与えた。利長の隠居領問題は、利常の代になって、やっと解決したのである。

家中統合と藩政確立

利常親政始まる

大坂出陣と民政への視点

大坂冬陣は、二二歳の前田利常《まえだとしつね》にとって初陣《ういじん》であり、勇みたっていた。一六一四年（慶長一九）一〇月一四日金沢を出立、一六日越前浅水で横《よこ》山長知《やまながちか》と対面し前田家復帰を許した。同時に長知に、留守を預かる奥村《おくむら》家福《いえとみ》・三輪《みわ》長好《ながよし》とともに金沢城にて三ヵ国の民政および領国防御にあたるよう指示した。小松城には前田長種《ながたね》、大聖寺城《だいしょうじじょう》に津田道空《つだどうくう》、七尾（所口）城には三輪吉宗《みわよしむね》・大井直泰《おおいなおやす》と要衝に留守将を配置した。今石動の篠島豊前や七尾の三輪・大井などは民政に手腕をみせた能吏であった。また一揆の記憶がなお鮮明な時代であり、真宗寺院・坊主ほか村の長百姓までも証人（人質）に取って、留守の安全保障に万全を期した。

長知の嫡男康玄《やすはる》・長治《ながはる》は大津にて利常軍に合流し、利常直属の旗本衆に編成され京都から大坂へと進軍した。一一月一八日大坂住吉に着陣し大坂方と敵対した。利常の陣は真田丸の南面に位置し、一二月四日早朝、はやる越前勢（松平忠直）・井伊勢（直政）とともに真田丸に先駆けを仕掛け三〇〇騎の損害を出した。家康から叱責され、軍令遵守を厳命された。一二月下旬、大坂方との和議が整い、翌年二月に帰国した。

翌年、再度の出陣準備にかかり、三月五日郡奉行宛に詳細な法度《はっと》を出した。出陣する家臣が軍陣を理由に知行所に下代を派遣し所定外の課役をかけることを厳禁、また代官にも同様の非分を禁じ、国役や公儀御用を名目とする出銀賦課は必ず三輪・大井など然るべき者に確認したのち小百姓に課すよう申し付けた。また軍事物資輸送を円滑にするため公用荷の朱印を領内宿駅にいっせいに知らせ、これ以外は偽りの公用荷だから拒否せよと厳命した。

同じ日、石高制《こくだかせい》にもとづく軍役（動員）人数の基準を従軍する家臣らに布達した。出陣後の領内で不穏な動きが出ぬように、また戦場に動員した軍用人足（小者・中間）の徴発や軍用物資の調達に遺漏なきよう周到な命令が領内に下された。このように二度目の出陣では、兵站《へいたん》と銃後の備えを万全にし、金沢を発した。

こうした領民宛法度から、軍陣中ということを名目に知行取家臣らが村・町で不当な支配をほしいままにせぬよう、留守将たちに監視させたことがわかる。また正当な軍用徴発であることを示す証判（朱印など）をみたうえで、臨時の夫役・伝馬《てんま》に応ずるよう命じた姿勢は、合理的であり民情を注視していたことがわかる。初陣の大坂陣において、民政に配慮した戦時動員を実践したことは刮目すべきことである。

四月二六日、夏陣に向け一五ヵ条の軍法を定め、真田丸での轍を踏まぬよう先駆けを厳禁、あらためてそれぞれの組頭が各備を掌握し統制するよう引き締めた。五月七日に岡山口から大坂城に総攻撃をかけ、多くの首級（三二〇〇）をあげ、七月には意気揚々と金沢に凱旋した。大御所徳川家康《とくがわいえやす》から五月一三日「岡山口において比類なき合戦に斬り勝ち大坂落去、粉骨を尽し軍功に励むの条、勝《あげ》て計《かぞ》うべからざるの旨御感《ぎょかん》に思し召し」と称賛された。将軍の聟として存分の働きをしたと評価されたのである。

年寄衆と藩公儀の継承

大坂陣から帰ると、寺社への戦勝報告と感謝の寄進を行い、軍功査定を行ったが、この戦争で新たに得た領知はなかった。家康の前述の感状の最後で「大坂の戦功加増として阿波・讃岐・伊予・土佐の四ヵ国を一円に与えるべきと考えたが、いろいろ斟酌《しんしゃく》し、従来どおり加賀・能登・越中三ヵ国を従来どおり領分とせよ」と述べていた。これは旧領安堵しかできないのに、加増したかのようにみせる家康の巧妙なレトリックである。翌年、加賀・能登で惣検地を行い、石高拡大を目指したが、さほど成果なく家臣たちに報いる方策は別に考えねばならなかった。

大坂夏陣のあと、家康と将軍秀忠《ひでただ》は一国一城令・武家諸法度、禁中並公家諸法度などを発し、徳川幕府の体制整備は関ヶ原合戦直後と比べ格段に深化した。一六一五年（元和元）閏六月一九日、利常は前年の少将から従四位下参議に昇進し、徳川家与党の外様として筆頭株にのし上がった。同日、利常の両腕となって大坂出陣を支えた本多政重《ほんだまさしげ》と横山長知も従五位下に叙爵された。安房守、山城守という官職と位階が幕府の推挙で朝廷から正式に与えられたわけだが、将軍の直臣でなく前田の家老だから、これを陪臣叙爵という。陪臣叙爵は徳川御三家ほか有力国持大名《くにもちだいみょう》数家に限られた栄典であり、俗に「三家並み」と呼ばれる根拠の一因であった。

豊臣政権下で利家《としいえ》が従三位参議となった一五九〇年（天正一八）より、前田家にも陪臣叙爵が許され、一五九一年村井長頼《むらいながより》・篠原一孝《しのはらかつたか》の二人が初めて叙爵の栄を受け、一五九八年（慶長三）まで総勢一四人の重臣が叙爵され豊臣政権末期の前田家の勢威を示す。叙爵者のうち奥村家福・岡嶋一吉《おかじまかつよし》・奥村栄明《ながあきら》など六名が一六一五年まで健在であったが、みな高齢化し、病気養生や退老したものが大半であった。

一六一五年一一月、利常の嫡男光高《みつたか》が誕生した。将軍秀忠の孫であり、家康の曾孫である。光高出産のあと天徳院《てんとくいん》は二男利次《としつぐ》（千勝）・三男利治《としはる》（宮松）を一六一七年・一八年に生んだ。この三兄弟はのち幕府と前田家の緊密さを強固にする役割を果たした。

政重と長知が叙爵されたことで、徳川将軍公認の家老が藩主を補佐する体制が整った。このあと領内への重要法度や家中統制令などは大半、本多・横山両老の連署状で下達された。一六一九年までは奥村栄明も加わった三人連署もみられるが、一六一九年以後は両老連署状が圧倒的に多い。一六〇五年に始まった年寄連署状によって藩公儀の意向を下達する体制は大坂陣のあとも継承された。一六一五年以後は、利常の御意を基本に本多・横山両老との合意を踏まえ、本多・横山両老連署状が多数発給された。寛永期になると本多・横山以外の若手の有能な年寄衆も加え、多様な連署状を発し藩公儀の政治を進めた。

元和検地と石高制確立

一六一六年（元和二）六月、利常は九ヵ条の検地条例を発し加賀・能登で総検地を実施した。検地（村単位の土地調査）の結果は、利家・利長《としなが》の初期検地と同じく「検地打渡状」という一紙によって村あてに知らせたが、村の石高を課税対象高と、税免除とした引地高（寺社地など）に分け記すだけで、ごく簡単な内容であった。

こうした検地手法は、利家の能登検地、利長の越中検地が先駆であり、越前の柴田《しばた》勝《かつ》家《いえ》・丹羽《にわ》長秀《ながひで》、越中の佐々《さっさ》成政《なりまさ》など北陸大名と共通する。村高の把握が優先された検地であり、百姓個々の土地所持高の把握や一筆ごとの土地登記は村主体の「内輪の検地」（内検地）に任せ、藩は深入りしなかった。ただし長期にわたる不作地の掌握、隠田《おんでん》（村が意図的に隠匿した田畠）の密告奨励、蔵入地での免（税率）査定などは、検地と平行して行った。

土地面積の調査をもとに課税基準の米生産高を村高に公定してゆく手続きを、もう少し具体的にいうと、検地奉行は村ごとに本田畠の総面積を把握したあと、これに統一斗代（田積一反当たりの標準的な収穫米）一石五斗を掛けて村高とした。畠の実面積は作物に応じ二分一、三分一、四分一などの修正（畠折れ）を行い畠面積に統一斗代を掛けた。個々の田畠の生産性の違いによる斗代（品位）の区別は行っていない。一筆ごとの土地品位や名請人は毎年変化するものだから村の内検地と村内での調整にまかせ、藩としては村高のみ把握、これを基準に、免（税率）を掛け村請年貢を定めた。これが前田家の石高制にもとづく徴租法であった。

元和総検地で石高制の徴租法が確立し一般化したが、利家時代までは、村高から荒高・不作高・扶持高や百姓取分（損免）を差し引いて領主側の取分（年貢高）を計算していた。

このように引き算で年貢高を決定する方法は、戦国期および中世農村で行われていた徴租法を受け継ぐもので、元和検地で完全に一掃された。元和からは検地村高に税率としての村免を掛ければ年貢高が決まった。文禄頃まで「免《めん》」という言葉は百姓取分を意味していたが、慶長以後は領主が搾取する税率の意味に転換した。検地村高も米の収穫高に擬制された課税基準という性格が濃厚となった。純粋に米生産高とはいえないが、村の総生産を米高に換算し均した課税基準といってよい。それが「石高」であった。現在の確定申告（所得税）でいえば収入金でなく、税率を掛ける基準額（所得金）にあたる。こうして利常が実施した元和検地の頃、加賀藩の石高制は確立した。

一六一六年の検地打渡状は能登で一五点、加賀で六点残存するが江沼郡では確認されていない。なお能登四郡では一六二〇年閏一二月にも四郡全域で再検地があり、再検地の打渡状が五〇点以上残る。これは一六一六年の検地高が、村が把握した内検地の結果と食い違ったからで、改めて村高を査定し直し荒高・屋敷地の免税を新たに公認した。蔵入地《くらいりち》では税率を示す「免」も公定し記載した。能登の村々で検地結果に反発が出たからであろう。

なお一六四六年（正保三）郷帳の村高と一六二〇年の検地高が一致する村が約八割あり、能登では元和検地で天正以来数回にわたる検地村高の拡大策に終止符がうたれた。加賀・能登の元和検地高は、このあと改作法《かいさくほう》まで本年貢・夫役等の課税基準となった。

一方、この検地村高を基準に家臣に知行地を与え、家臣は自分の知行高に応じた軍役・普請役を大名に提供し、家臣としての義務を果たした。これを石高知行制という。石高知行制は、利家が実施した天正期の初期検地のときすでに採用していたが、石高制の徴租法は、利長が一六〇五年（慶長一〇）に実施した越中検地と利常による加賀・能登の元和検地を契機に体制化した。

三つの財源拡充策

利常は大坂出陣の功労者に加増を行ったが、その総額は明確ではない。しかし、一六一五（元和元）・一六年頃の前田家中の侍帳として周知される「元和之侍帳」（『加賀藩初期の侍帳』）は、犬千代衆・千勝衆・宮松衆など利常嫡男三人の家臣まで追記し加増の注記も散見されるので、元和後半（一六二〇年以後）の知行高を総花的に記載する侍帳であった。つまり、ここに載る一〇三〇人の藩士の知行高合計の約九〇万石は大坂陣直後の加増知も加えたものであった。「寛永四年侍帳」（同右）には約一三〇〇人を載せ知行高合計は九三万石であったから、大坂陣後の家臣知行の合計は九〇万〜九三万石に膨れ上がったとみてよい。一六〇五年（慶長一〇）御前帳の前田領三ヵ国の領知高は一一九万石なので、利常の蔵入地はわずか二六〜二九万石となる。

では元和総検地で、どれくらい前田領の石高が増えたのか。これも明確な史料はないが、一六〇五年御前帳高と一六四六年（正保三）郷帳高を比べると推定は可能である。能登四郡の村々では元和検地高がおおむね一六四六年郷帳の村高に一致する事例が多かったからである。加賀・能登の一六四六年時点の国高が元和検地後の国高に近似するとみて、一六〇五年御前帳高と比べると、能登では五〇〇〇石、加賀四郡では二万石減少しており、検地で大きな増高は実現できなかった。むしろ、元和検地の実施がなかった越中四郡で、慶長以後の三〇年で六万石も増えた。加賀・能登の元和検地では、村高が増えた所も減った村もあり両国合わせて一万石減であった（二〇二ページ表12）。

検地による打出し分はなく、大坂陣の功労者への加増は利常の蔵入地分から捻出するしかなかった。それゆえ、一定の加増や家臣招聘はあったものの期待したほどでなかったといわざるを得ない。家来たちを我慢させての財政運営が、その後展開した。

さらに元和・寛永期にも相次ぐ公儀普請に出役、また将軍家の前田邸御成《おなり》など将軍家との付き合いが深まり、利常の家計そのものも莫大な出費を要した。蔵入地が減少したなか財源をどう捻出するか苦境にあった。さまざまな方面に目配りし収入源を探し、縮減できる出費は削った。ほかの大名もこの頃、同様に財政困窮に苦しんでいたが、利常は元和検地以後、つぎの三つの方法でこれに対処した。

一つは直轄する蔵入地の年貢を増やすため知恵を絞り、代官支配の強化から始めた。まず代官・蔵奉行の不正・非法を厳禁したうえで、増税政策を精力的に進めた。検地村高を対象とする増免のほか、高外地で新田開発を進め新田高はすべて蔵入地とした。さらに新田免を引き上げ、隠田摘発なども鋭意進めた。その効果が最も出たのが越中四郡で一六〇五～四六年の約四〇年で本田村高は六万石増え、ほかに新田高を約六万石開かせた。とくに新川郡の増加は顕著で、一六一一年の一六万石から一六四六年の一九万石へ約三万石増えたほか、新田高も二万三〇〇〇石開いた。税率も高い水準を維持した（二〇三ページ表13）。

二つ目は米作以外の諸産業に目を付け税源としたことである。とくに鉱山開発は利家時代から進めていたが、利常は新川郡《にいかわぐん》の七つの銀山や能登宝達金山《ほうだつきんざん》の稼業を奨励し、運上金収入の拡充につとめた。また合掌造りで知られる越中五箇山は当初からの代官支配地で、塩硝はじめ生糸・蠟・漆・美濃紙などの生業に銅銭や金子で運上金を課した。能登奥郡では塩作りや漁業・林業・海運などが盛んなので、こうした生業に課税を強化した。都市部や無高の村・町に対する小物成《こものなり》税制を整え対象税目も拡充された。ここから地域多様性に注目し地域独自の特産物生産を奨励する利常の姿勢がみえ、目配りの広さと貪欲さが際立つ。

三つ目は年貢米つまり蔵米《くらまい》を領外市場で高値販売することに注力した点である。一六一六年九月、利常は蔵米の三分一は近江大津、あと三分一は若狭小浜で販売し、残る三分一は領内で売却（地払い）または家臣らへの給米支給にあてると指令した。廻船で敦賀や小浜に蔵米を送り、高値販売に早くから奔走した。大津に藩の米蔵を置き、小浜の組屋宗円や木下和泉、敦賀の高島屋などを藩の蔵宿《くらやど》つまり御用商人とし緊密な関係を結んだ。才覚

図4　金沢城石川門（金沢市）

ある商人と関係を深くし金銀の融通も受けた。抜け目がないといえる。

城下町の都市計画　利常は一六〇五年（慶長一〇）小松城から金沢城に移り、一六三九年（寛永一六）の隠居で再び小松城に移るまでの三四年間、金沢城主として城と城下の整備に尽くした。現在みる金沢の町並みのあちこちで、利常時代の町作りの痕跡をみることができる。

国史跡「金沢城跡」の曲輪《くるわ》構成（縄張り）の現状は、一六三一年の城下町大火で城が丸焼けとなり、利常は二ノ丸を大きく拡張し、新しい御殿を建設した。この二ノ丸御殿創建頃の縄張りが現在そのまま城跡として残る。利常時代に修理さ

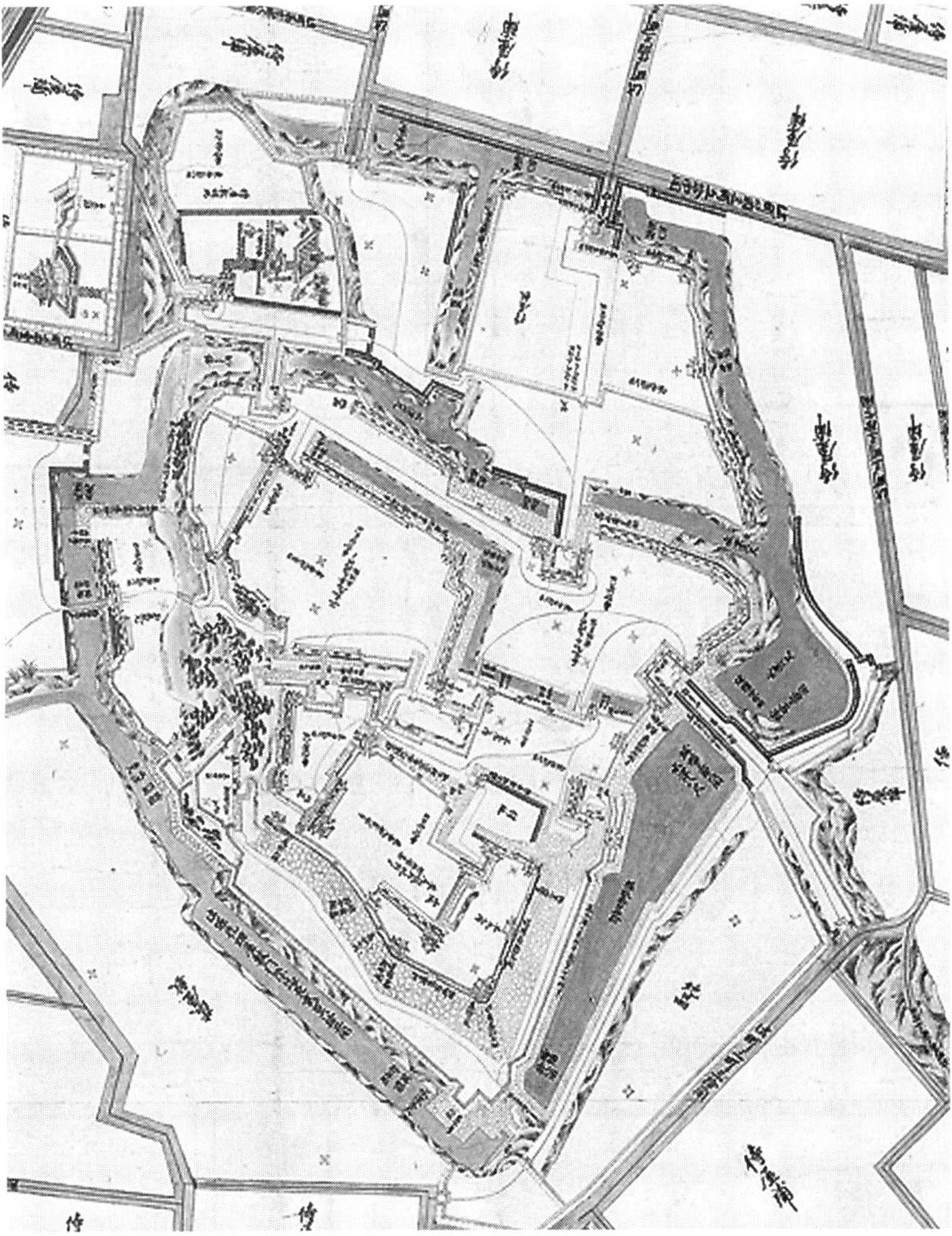

図５　金沢城の縄張図（寛文８年「加賀国金沢之絵図」より，金沢市立玉川図書館所蔵）

図6　一六六八年の金沢城下景観（寛文八年「加賀国金沢之絵図」より、金沢市立玉川図書館所蔵）

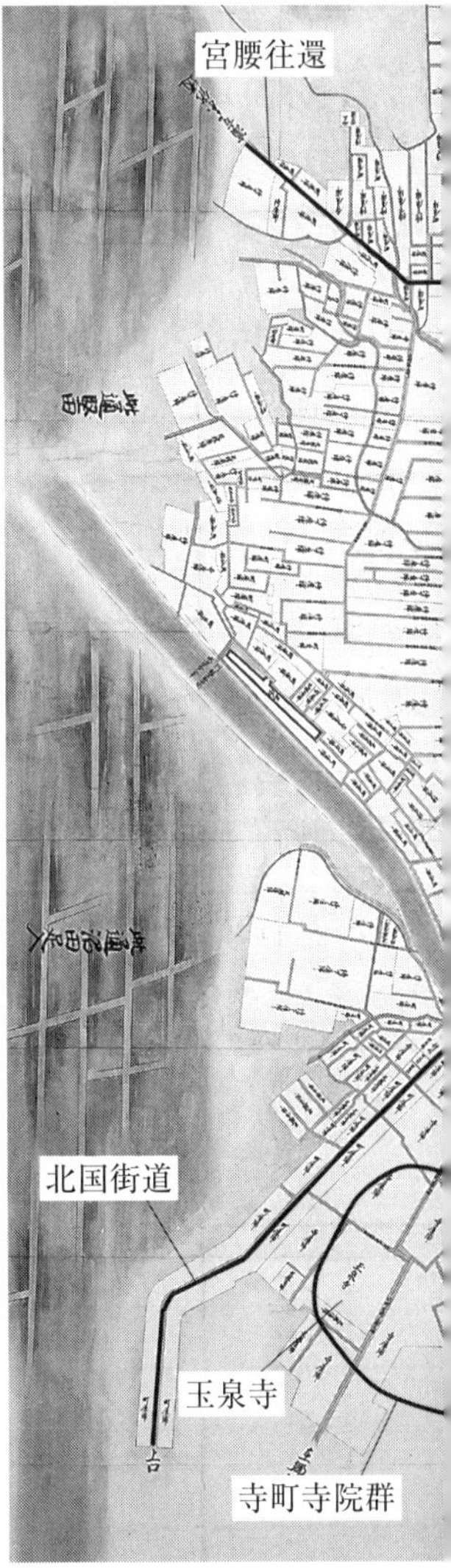

れた石垣は本丸北面などでみることができる。整然と大きな刻印が刻まれた石垣は寛永大火後の再建の物証である。

利常は一六二〇年（元和六）以後三回にわたる徳川期大坂城の公儀普請に動員され、大坂城石垣の約四分一の面積を分担し建設した。城北部の低い石垣が多いが、二ノ丸玉造り口周辺の豪快な高石垣や山里丸の洒落た切石積みも造営した。一六三六年の江戸城外堀の公儀普請にも動員され、神田橋付近で堀や石垣を造成した。こうした公儀普請の機会をとらえ、前田家の穴生《あのう》（石垣職人）や石工たちは加藤・黒田・藤堂・細川など石垣巧者がそろった西国大名の普請場から先進技術を学んだほか、幕府の普請官僚から技術指導も受けた。近江坂本穴太《あのう》出身の公儀穴太戸波氏を加賀藩も召し抱え技術スタッフの強化につとめた。こうした技術向上の努力の跡は、利常時代の金沢城石垣をみて歩けば知ることができる。また現存の江戸城天守台石垣も、前田家の石垣作りの到達点を示す文化財である。

大坂陣のあと利常は、金沢城下の街路整備を果敢に進めた。城の東側に石引き通りと呼ばれる幅五間の直線道路が城下東端まで二キロ余り続くが、これは文禄年間、戸室山の石切場で採石した石材を城まで運ぶためわざわざ幅広の直線道路を利家と利長が作らせたものである。石引き通りの反対側、城下の西端から西に五キロ真っすぐ日本海に伸びる宮腰往還を造成したのは利常で一六一六年のことであった。終点は日本海に面した湊町宮腰《みやのこし》で、中世から交通の要衝として栄えた。利家時代すでに町奉行を置き、東北の材木移入、敦賀・小浜方面への蔵米輸送などが盛んで能登・越中との領内海運でも中心的役割を果たした。

このほか利常は、城下南部の寺町台地と北部の卯辰山々麓《うたつやまさんろく》に真宗以外の寺院を集め寺院群を作った。これ以前、城の大手付近や東口の八坂《はっさか》付近に小さな寺町があった。城下の南側を流れる犀川《さいがわ》の中洲にも古寺町《ふるでらまち》があったが、藩政の安定に伴い城下町金沢の武家地が不足し、古い寺町を城下の北端と南端の寺院群に移動させた。また犀川が城下付近で二瀬に分かれ河原に大きな中洲があったが、元和頃一瀬にまとめ北側の川筋を埋め立て町人地に整備した。

利長はすでに城下を二重に囲繞する惣構《そうがまえ》を関ヶ原合戦前に建設していたので、利常は惣構の内と外で身分による居住区分を明確にした。惣構内には平士以上の藩士、街道沿いの町人地は惣構内部では本町に限定し、地子町は惣構の外側に配置。寺社は金沢東照宮以外すべて惣構外に移し、真宗寺院は惣構外の町人地の内部や背後に散居させた。

利長は関ヶ原合戦直後、前田家菩提寺宝円寺周辺に重臣菩提寺など数ヵ寺を集め、寺院群の先駆が形成された。兼六園裏手の八坂付近を歩けば当時の面影を偲ぶことができる。

家中統合と知行制改革

地方知行と給人領主権の限定

前田領一一九万石の約七五％、九〇万石程度が、前に述べたように知行取家臣（平士）に分与した知行地（給人地）であった。知行取家臣のうち最大の知行取は五万石の本多政重で、これに次ぐのが三万三〇〇〇石の長連龍《ちようつらたつ》、三万石の横山長知などで、万石クラスの大身は一〇人以上いた。下は一〇〇石取程度だが、なかには五〇石前後もおり、平士《へいし》の数は一六二七年（寛永四）の侍帳でいえば総勢一三〇〇人ほどであった。

平士の知行地は給知《きゆうち》と呼ばれ、各地に分散し入り混じって支給されたが（分散相給）、彼らは領主として本年貢・夫役などの徴税権を持ち、私権力を給知百姓に行使できた。それゆえ、こうした知行取（平士）のことを給人もしくは給人領主といい、こうした領主支配を地方知行《じかたちぎょう》と呼ぶ。給人領主制とも呼ぶがほぼ同じ内容の用語である。

さて前田家中つまり大名前田家の家臣団は知行取家臣（給人）だけで構成されていたわけではない。ほかに大勢の御歩組《おかちぐみ》藩士と御歩並み、足軽・小者《こもの》・中間《ちゅうげん》などの軽輩がおり、これらを加えると家中の総数は四〇〇〇～五〇〇〇人となった。御歩並みは医者・学者・算用者・茶堂・御大工・穴生《あのう》など武士以外の技能者であり御歩に準じた待遇を得たからこう呼ばれる。

給人は前田家の身分秩序でいえば平士といい騎馬武者として戦陣に出る侍であった。平士のなかでも上層の者は人持《ひともち》といい数名の騎馬士（給人）を従える侍大将であった。また人持組の頭は「備《そなえ》」つまり軍団の長で、彼らのなかから藩の年寄衆が選ばれた。御歩組は騎馬士でなく歩兵であった。

騎馬武者でありかつ個別領主として給知百姓も支配する武士が給人であり、歩組以下は切米・扶持米支給の俸禄取で、地方知行は原則許されなかった。

大名家臣といっても、このように万石以上から足軽・小者まで多様であったが、全員大名利常の直臣《じきしん》という点で同列の藩士であり前田家中の一員であった。しかし、家中の身分序列は徐々に厳格となり、平士と御歩以下との身分格差はきわめて大きく近世社会の健全な発展にとって阻害要因となった。その身分上の分岐は地方知行を拝領するか、騎馬武者

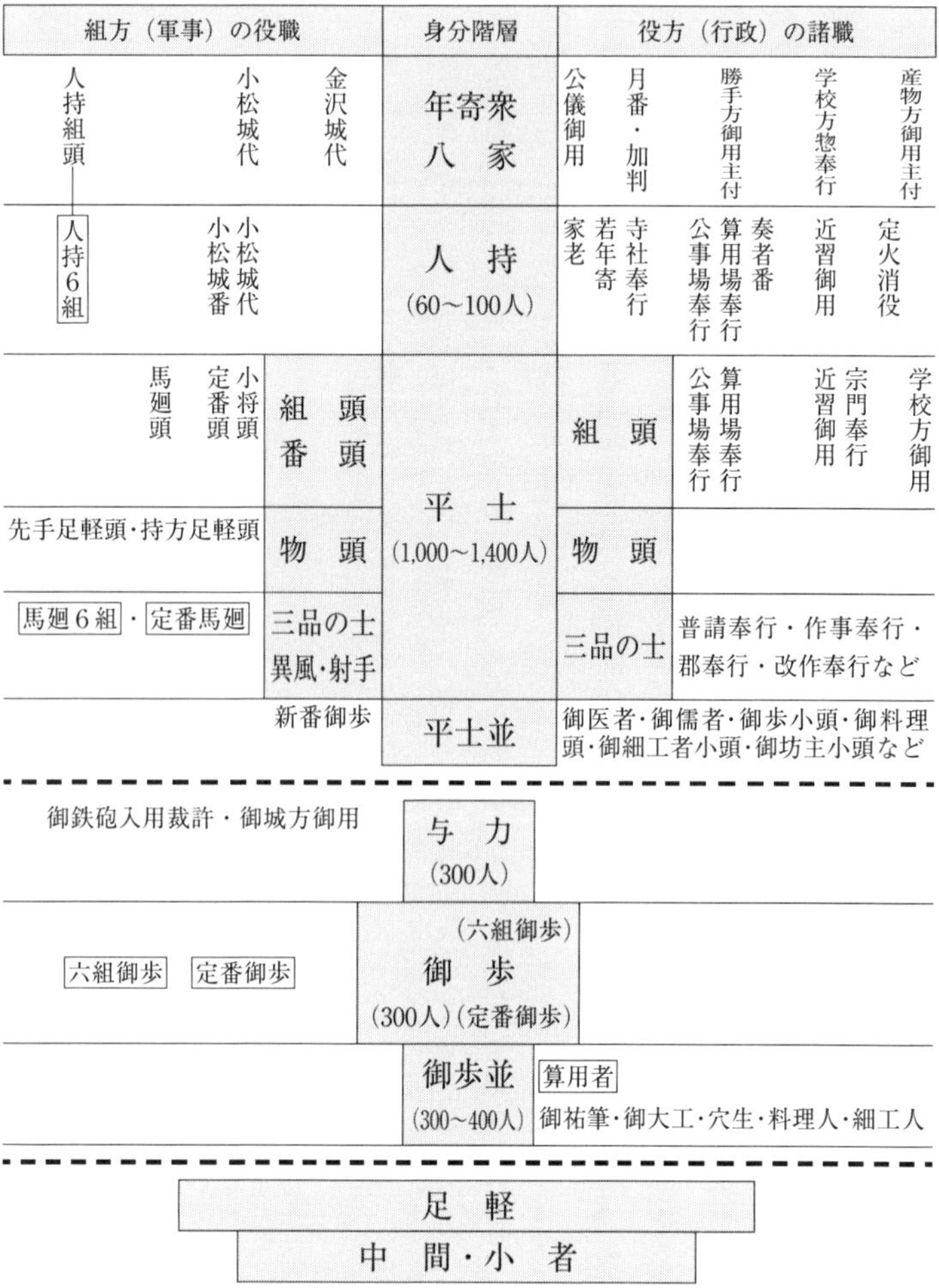

図7　加賀藩家臣の身分と職制

（注）『国格類聚』，金沢城研究調査室編『よみがえる金沢城』1（石川県教育委員会，2006年）をもとに作成．

かどうかであった。それゆえ知行取の騎馬武者（給人・平士）こそが、人々のあこがれであり身分上昇の目標であった。とくに足軽・小者らにとって平士身分に一歩でも近付くことが名誉であって、武家奉公を支える矜恃となった。しかし、知行取の地方知行は名目だけで実質的な領主権は制限されていた。

この知行取家臣による地方知行については古くから議論があり、地方知行は中世的遺制であり、近世国家の成立とともに衰退し、俸禄制に転換したというのが一般的理解であった。今もこの通説は、大局的にみると定説として通用し、教科書などでも「地方知行制から俸禄制に転換」などと書かれるが、戦後七五年間、波状的にこの通説に疑義を投げかける問題提起がなされてきた。本書も、ささやかながら通説の部分的見直しを目論んでいるので、その戦略の一端を簡潔に説明しておこう。

給人平均免と地方知行形骸化

知行取（給人）による地方知行は、名目だけで実質的な領主権は制限されるようになったと述べたが、このような事態は一七世紀中葉から一八世紀初頭に各藩で行われた知行制改革によって給人領主権が大きく制限された結果であり、これを「地方知行形骸化」といい、初期の藩政改革の代表的な施策とされている。「公儀」と標榜する近世大名の民政の質は、給人領主権をどこまで押さえるかに左右されたからで、近世的支配が領民の存立に益するものになるかどうかは、地方知行の形骸化の帰趨にかかっていた。

どこの大名家でも地方知行が認められた家臣は、上層の藩士のみで、加賀藩や徳川御三家など約三〇の国持大名家に限っていえば、地方知行を認めた平士以上の数は比較的多く、その形骸化が課題となったが、その他の二〇〇以上の大名は蔵米知行や俸禄制が主流であった。それゆえ、地方知行の改革というアイテムは、二〇万石以上の国持大名家や上層の旗本知行に限定される問題といってもよい。しかし、加賀藩・仙台藩（伊達家）・薩摩藩（島津家）・熊本藩（細川家）・福岡藩（黒田家）など幕藩制を支える外様大名と分類される大名家で、地方知行の弊害が深刻であったから、幕府も、その帰趨に注目した。知行制改革に失敗すれば、御家騒動の基礎要因になったからであり、大名家の家政混乱は、民政の停滞、ひいては百姓一揆などの社会問題や構造的問題に波及するので、幕府にとっても未然に防ぎたい課題であった。

地方知行の形骸論で注目したいのが、うわべは地方知行であるが実質は近世初期から所定の給人年貢を定額に押さえ年貢（物成）部分のみ確実に給人に手取りさせる方式が取られていたという鈴木壽の主張である（鈴木『近世知行制の研究』）。上杉家・前田家・真田家などの給人平均免に着目した所説だが、給人領主の領主権の重要部分である給知の税率決定権を真向うから否定するのでなく、知行取家臣の収入を均等にするため、各知行高に対する年貢取り分率（これを給人平均免と呼ぶ）は藩が一率に「四つ」などと決め、これに見合う年貢（知行高の四〇％）が確保できるよう、知行所付目録に書かれた給知村の高と免（税率）を藩のほうで指定する方式が早い時期から採用されていたというのである。給人平均免に依拠した地方知行の本質は「物成渡し形態」、すなわち藩が決めた平均免をもとに手取り年貢を保証する点にあるというのが鈴木説の要点であり、給人は所定年貢（平均免年貢）を確実に手取りできた。それゆえ地方知行は中世的遺制でなく近世知行そのものというのである。

この主張が鈴木説の神髄であり魅力である。豊臣時代末期に上杉家で平均免が導入され、加賀藩では元和頃に導入、そして改作法の結果、明暦年間に整然とした給人平均免制となって地方知行形骸化は完成したと指摘した。本書もこれを継承し議論を深めるが、前田家の給人平均免導入を元和頃としたのは勘違いである。次に述べるが一六一〇年（慶長一五）が最初である。また上杉家の文禄検地後の平均免は藤木久志の所説（『藩制成立史の綜合研究　米沢藩』）に依拠したものだが、越後での実施ゆえ会津・米沢に転封したあととの連関が課題として残る。

給人平均免は藩が上から決定したから、個々の給人の手取り年貢は各知行高に対し同一比率となり、家臣相互の公平性は担保されていた。また給知百姓に対する税率設定も、給人個々が自由に決められず給人平均免に準拠させる必要があった。加賀藩では藩が検地などで村免を一率に決め、知行所目録を与える段階でも、所定の平均免に応じ、個々の給知の税率を藩が決めたので、結果的に給人領主の税率決定権は失われた。上から一方的に税権否定を命ずるのでなく、給人平均免を円滑に行う実務上のテクニックとして税権の執行機会を奪ったのである。さらに凶作・飢饉時の減免分は藩が補塡し手取り年貢の保障も行った。

熊本藩細川家では、給人平均免のみ藩が四つと決めたが、これを個々の給知村でいかに実現するかは給人の力量に任せ、藩は給知免まで決めていない。その結果、大半の給人は、四つ相当の手取り年貢が実現できず困窮に陥った。岡山藩池田家では蔵入地と給人地をまとめた藩領全体の検見結果をもとに給人平均免を決めたので、減免による収入減は大名と給人が双方とも均等に背負う方式を取った。このように給人平均免には藩ごと多様な対応があったが、加賀藩の平均免制は給人にとって有利な面が多く模範的といってよい。

利長が試行した給人平均免

利常が進めた給人知行の形骸化策をみてゆく前に、利長が隠居領越中新川郡で、画期的な給人平均免を行っていたので紹介しておく。

利長は一六〇五年（慶長一〇）、越中西三郡で総検地を行い、一六〇八年には新川郡でも検地を行った。越中西三郡の検地のあと大規模な知行割も行ったが、利長発給の知行所付目録が二一点も同年一〇月二四日～一一月朔日付で残存する。驚くべきは、この二一点すべて二〇〇〇石に統一され、そこに越中西三郡の村々が列記されていた。知行所付目録を受けた給人の知行高がどれだけであろうと、二〇〇〇石を単位とする所付目録をもらうしかなかった。二〇〇〇石に満たない知行取なら数人組み合わせて二〇〇〇石の所付目録をもらった。また二〇〇〇石以上、たとえば四〇〇〇石取なら二〇〇〇石分の所付目録を二枚もらった。ここから、この知行割は越中三郡にて知行を得た家臣すべて二〇〇〇石単位のクジ組に編成し、クジ組単位の知行配分であったことがわかる。つまり、知行地の配分はクジ引き式だったと推測されるのである。

西三郡で一万一五〇〇石の知行を得た重臣横山長知の場合、二〇〇〇石単位の知行目録五点で一万石を得たほか、一族の横山大夫五〇〇石と長知一五〇〇石、合計二〇〇〇石分の知行目録を一枚得た。二人宛の知行目録の給知は知行高に応じ分ける必要があったが、両者相互に均等になるよう相談して決めたのであろう。クジ組による知行割は、知行所の指定はクジ引きなので公平であった。同時に複数給人で一枚の知行目録を得た場合、これを分割するとき相互に年貢取り分の平均化などを相談したことが想定でき、利長による給人領主権の均質化と抑制の意図が窺える。

一六一〇年、利長は隠居領新川郡限定で給人平均免を一率三つ九歩と決め、知行割を行った。これを証明する知行所付目録が八点まとまって残っており、すべてに給知村の村免と高が明記され、年貢高を給人ごとに集計すると平均免三九％と一致した。新川郡に給知を持つ家臣の手取り年貢はすべて知行高の三九％と一率にされた。これに応じ給知の村免を藩が決め、これに即した知行所付目録が発給された。その結果、給人の税率決定権は奪い取られた。なお平均免三つ九歩は一六〇五年御前帳に示された新川郡の税率（郡全体の石高に対する年貢高比率、二〇三ページ表13）と同一であった。こうして利長は、越中新川郡で大胆な給人領主権否定に踏み切ったのである。ほかの越中三郡でも給人の税率決定権は弱体化し、藩の介入度合は強まった。

利常はこの給人平均免政策を継承し、元和以後の新川郡で給人領主権制限を強めた。これに伴い越中の給人地では郡奉行《こおりぶぎょう》・代官また十村《とむら》が税率査定や未進督促など徴税実務に関与しやすくなったといえ、蔵入地と一体的な徴税支配が強化された。

停滞する形骸化策

利常の地方知行形骸化策は、一六二四年（寛永元）二月発令の一三ヵ条覚書（元和十年令）に明確である。郡奉行宛とみられ、給知百姓に対する給人領主の成敗権、また一方的な作毛刈取（収穫物の差し押さえ）行為を厳しく制限し、藩の目安奉行や郡奉行への届け出を義務付けた。寛永以後、農政法度が頻発され法度による支配が充実したようにみえるが、法令の裏を読んでいくと、なおも悪辣非道な百姓支配が横行していたことがわかる。

元和十年令冒頭で、百姓が年貢・諸役を皆済したのに皆済証文を出さねば厳罰に処すと給人領主に釘を刺している。また皆済した給知百姓を未進百姓同前に扱い、屋敷などで召し使ってはならぬと命じている。給人領主が執拗に非法を行っていたことが窺える。

藩公儀の権威を背景に農政法度がふえるにつれ、彼らの行政権は郡奉行と十村にゆだねられ、領主権の形骸化は進んだようにみえるが、不当な支配を簡単に一掃できないのが実情であった。給人領主権の最後の砦は税権のみとなったが、税権を盾にした給人支配の弊害は、未進の代償要求や未進年貢に高利を付けるなどの形でこのあとも長く残った。

元和十年令では給人の税率決定権につき、各給人に数年間にわたる「免平均帳」の提出を義務付け介入をはかり、給人年貢の納升は藩作事所で作製したものを支給し不正排除につとめた。しかし、税権否定の切り札である給人平均免は拡充できなかった。給人領主の横暴を押さえ込むことは、実に労力の要る難しい課題であった。

元和十年令が出された年の一一月、能登鳳至郡《ふげしぐん》の鶴町村から未進年貢・夫銀の悪辣な取り立てなど給人の不法行為を詳細に訴えた口上書が出された。その最後に「このような非道な給人支配では、百姓は退転し村が潰れます。何とぞ御蔵入地に召し置かれるよう進言されたい」と目安奉行に嘆願した。法の間隙をつき、困窮百姓の弱みに付け込んだ給人領主の不当な支配が、なおも横行していたことがこの訴状からわかる（若林喜三郎『加賀藩農政史の研究』上）。

裁判権や行政権は郡奉行や十村などが担当していたが、よほどのことがなければ、訴訟などしないのが庶民の習性である。阿漕《あこぎ》な知行取は税権を頼りに、高い税率や臨時課税、高利貸しで百姓を苦しめ破綻に追い込んだ。走百姓や逃散を惹き起こしたが、百姓の走りと村の人口減は前田領全体の経済困窮の原因となった。前田家の財政環境は前述のとおり元和期から厳しい環境にあり年貢税収の確保と増大につとめたが、藩領の七五％を占める給人支配地（九〇万石余）で、阿漕な給人の税権行使を許していては、給人財政も藩財政も負のスパイラルに陥る恐れがあった。そのため税権制限の切り札、給人平均免を新川郡のみにとどめず前田領全域に広める必要があったが、なかなか実行できなかった。

前田家の給人地比率は能登や越中で高かった。城下町金沢周辺や小松城のある能美郡《のみぐん》は全体的に蔵入地（代官地）が多く、縁辺部ほど給人地が多かった。支配の労力を考えると、金沢城下から五〇キロ以上離れた能登奥郡や越中東部に知行地が分散し、ほかの給人地と入り組む相給地であれば、徴税実務に大きな労力を要し重荷であった。こうした負担を解消することと引き換えに、給人平均免を広めることも可能であった。

しかし、税権制限とくに給人平均免を拡充するには藩財政自体が安定し余裕がなければ、平均免レベルの手取り年貢は保証できず、大名も家臣も共倒れのリスクがあった。また税権まで奪うことは知行取家臣の領主としての矜持やプライドを奪うこととなり、武士倫理に悪影響を及ぼし家中統合の妨げとなるゆえ拙速は許されなかった。

また大坂陣で満足な恩賞を与えることができなかったトラウマは、利常に限らず多くの大名の脳裡に焼き付いていた。その後も公儀普請など公役負担が続いたから、給人平均免の拡充は躊躇された。家中統合と形骸化策は背反し、拙速に進められない事情があったからである。

能登奥郡の蔵入地化

法令などで藩政の表層を眺めていると、給人領主権の制限は進展したようにもみえるが、税権の否定、給人平均免拡充という肝心の所になると、足取りは重く踏み切れなかった。利常の地方知行形骸化策も、よくみると緩慢に過ぎる面があった。

江戸にいた利常は一六二七年（寛永四）九月、百姓の経営破綻頻発という報告に接し本多・横山両年寄に、公事裁判はじめさまざまな裁定を独断で裁許せよと迅速な対処を命じ、能登奥二郡（鳳至郡・珠洲郡《すずぐん》）八万石を丸ごと本年より「直納《じきのう》」すなわち蔵入地にすると命じた。これは素早い対応であった。

このあと能登奥郡の給人地はつぎつぎ他郡に移された。これを立証する翌年七月五日付

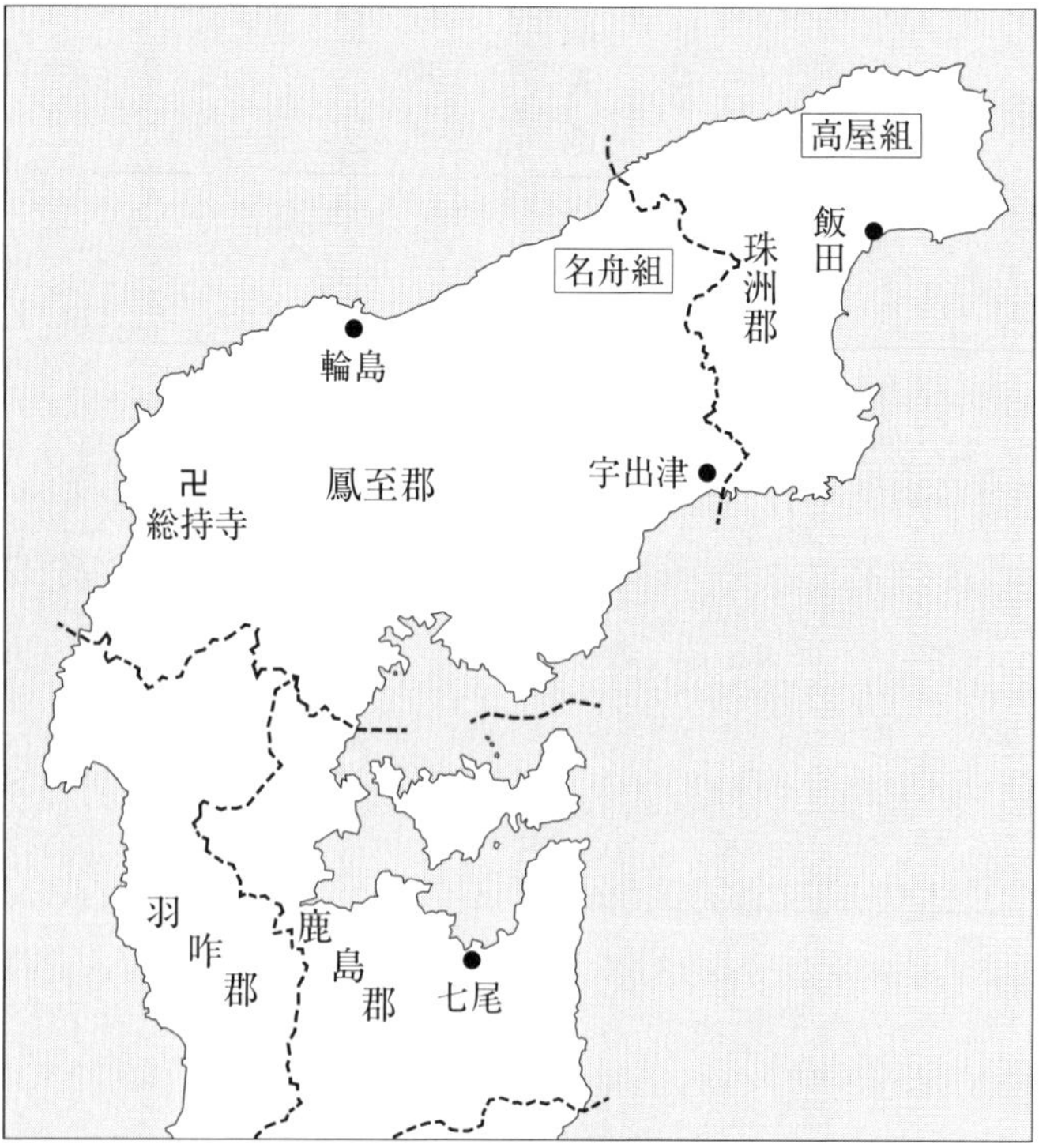

図８　能登奥郡の要地

の所付目録が数点残る。翌年末までに能登奥郡から給人地は一掃され、藩の算用場奉行が奥郡奉行を兼任し、奥郡八万石の一円蔵入地を直轄した。奥郡の要所、珠洲郡飯田や鳳至郡輪島・宇出津に奥郡算用場・御旅屋・御蔵・牢などの施設を置き、配下に下級家臣ながら四〇名以上の小代官を派遣し、奥郡四一〇ヵ村の徴税や年貢米などの払い方実務にも従事した。

奥郡には約三〇の十村組と十村役がすでに配置され一六〇四年（慶長九）以来、郡方支配を担っていたが、奥郡算用場と小代官の指示のもと十村たちはいっそうの精励を求められた。藩の鉄炮衆が恒常的に見廻りも行い、小代官と十村による民政の円滑な執行を側面から監視した。

給人地がなくなったので、金沢から知行取家臣の下代が下向することはなく、奥郡奉行のもと小代官と百姓身分の十村役が現地で代官支配の実務を担った。藩公儀による郡村支配の模範がここで遂行されるはずであったが、実態は増徴と収奪強化ばかり目立つ。

能登奥郡では給人地一掃により、それまでの給人支配の弊害は完全に除去された。しかし、これに代わって利常直轄の厳しい搾取がやってきた。蔵入地の「御百姓」となった公儀百姓に厳しい年貢・諸役のほか新しい負担も加わり、このあと二五年にわたる奥郡蔵入地時代は安穏な時代どころか、生産者を過酷な勤勉地獄に追い込み苦しめるものであった。

個別給人領主による悪辣非道な支配のつぎにやってきたのは、利常自身が配下の辣腕奉行らに推進させた、前代未聞の過酷な搾取と労働強化であった。これを利常の能登奥郡蔵入地政策というが、その過程で寛永期まで多数の小作・下人労働を傘下に置く南山家、時《とき》国家《くにけ》など在地土豪の家父長的大経営は解体を余儀なくされ、下人や隷属小作民は小百姓として自立していった。奥能登における小農自立である。しかし、自立を支える藩の助成は、全く不十分であり、そこが改作法との大きな違いであった。

過酷な搾取にさらされた奥郡の民衆の多くは真宗門徒であった。彼らは厳しい労働の合間に村や寺の講に出て念仏を唱え炉辺談話でうさを晴らし、わずかな銭を懇志として坊主や寺に届けた。この点はあとで詳しくふれる。

「改作法」試行か

奥郡蔵入地四一〇ヵ村では、奥郡奉行が藩法に則り一元的に徴税したから、村免は一つ（一村平均免）となり定免制が採用され、村請年貢は十村と小代官によって確実に皆済された。また新田開発も進展し、畠地を水田に切り替える「畠直し」新開も進んだ結果、奥郡の新田高は一六四六年（正保郷帳）では約九〇〇〇石となり増収につながった。村免も数年刻みで増免されたので、寛永末までに軒並み五％程度、余裕ある村では一〇％以上の増税となった。こうした増徴政策や藩直轄支配をとらえ、奥郡蔵入地政策は、利常が改作法を試行したものと評価された（田川捷一「奥能登両郡における改作法への試行」）。核心の一面をとらえ納得できる面もあるが、本論ではこの理解は取らない。

小百姓層への経営助成などに顕著な施策がみられないからである。利常の改作法の最大の意義は、百姓経営などへの積極的な助成と生産意欲の引き出しにあった。残念ながら奥郡蔵入地政策では肝心の助成策を欠いていた。稲葉左近《いなばさこん》など辣腕とされる奉行の進言に重きを置き、彼らに丸投げしてしまった所があり、奥郡生産者の過酷な実態を軽視したので、改作法と異なる政策と考えている。奥郡での失敗を糧にのち改作法に向かったという理解も想定されるが、奥郡で改作法を実施したとき、利常は奥郡蔵入地政策を失政と自覚していないので、やはり別物とみておくのが妥当であろう。

それゆえ、家父長的大経営の隷属支配から解放された小百姓らは、わずかな土地しか持たず製塩労働や漁業、小回り廻船などに従事し生計の道を求めた。こうした非農業の諸稼ぎで大きな収益を得て、海に面した奥能登は豊かであったと網野善彦は論じた。頭振《あたまふり》という無高民が多数いたが、彼らは非農業民で農耕以外の生業で多くの所得があったと推定した。これが真実なら利常の搾取姿勢は慧眼ということになる。しかし、能登の製塩に励む小百姓や漁民らが裕福だったという確証は、まだ十分でないように思う。

寛永期の利常にとって、なお脆弱な藩財政を強化することと地方知行形骸化の進展が、当面する課題であった。地方知行の形骸化すなわち給人領主権の制限と給人の不法支配排除という施策は、能登奥郡では蔵入地化で完全に達成できた。二郡の全村で給人地と給人支配が消えたことは画期的で、越中や能登口郡に移した給人地での不当支配を排除することが、つぎに焦眉の課題となったが、越中では前述のとおり平均免制が広まっていた。口郡や北加賀では金沢城下に近く重臣層の給知が多いので、これをどうするか、利常の苦闘は続いた。結論をいえば、能登奥郡と新川郡を除く前田領での地方知行形骸化策は、一六三九年（寛永一六）利常隠居時の知行割のとき、給人平均免を拡充し進展したが、その最終仕上げは改作法でなされた。

塩専売制と非農業民の搾取

能登奥郡の主産業の一つは揚げ浜式製塩で古代以来の伝統を持つ。この収益性に着目した利常は、一六二七年（寛永四）の蔵入地化を契機に能登で生産する塩について専売制を実施した。塩生産は領内各所で行われたが明治初期まで継続したのは能登奥郡、とくに珠洲郡で生産量が最も多かった。

一六三〇〜五〇年代の奥郡の塩生産量は約二〇万俵（一俵五斗入）といわれ、藩が独占価格で買い取り、宮腰湊など領内各所に回漕され三ヵ国一二郡で販売された。生産過剰となれば領外販売することもあったが、その販売利益は藩財政に大きな収益をもたらした。利常時代の藩財政でいえば、新川郡の銀山や宝達鉱山とならぶ農外収入であり、この収益はこの時期の厳しい藩財政を補強したことは間違いない。

能登奥郡は水田が少なく、海の稼ぎや林業、山野の採取物によって糊口をしのいでいた。農業以外のさまざまな生業によって近世前期まで奥能登は経済的に裕福であったと網野善彦や神奈川大学常民文化研究所の調査報告などで指摘されるが、季節ごと多彩な漁業が行われ、海女による潜水漁法なども発達していた。また海運で利益をあげる集団もいた。こうした農外の経済収益に目ざとく注目したのが利常で、能登の非農業民に奥郡で生産した蔵米を高値で販売し、非農業収益の果実である銀で返済させる現銀払米制度を広く実施した。

奥郡蔵入地で徴収した蔵米約三万五〇〇〇石は、塩生産者や塩生産に関わる塩釜貸与業者、塩木販売人（百姓）らに前貸し米として渡され、返済は塩で受け取った。塩替レート（塩一二俵＝米一石）は藩が定め、これと米・銀相場を連動させ、塩生産者や塩釜・塩木などの資材提供者から安価な塩を藩が独占的に買い付け、領内市場で独占販売し莫大な銀収入を稼いだ。塩が高く売れるなら領外に販売することもあり、代銀は江戸屋敷に送金された。製塩関係者に前貸しされた奥郡蔵米は塩手米《しおでまい》といい、奥郡の蔵米の大半は塩手米として費消された。残った蔵米は製塩以外に従事する非農業民らに高値で販売された。利常は藩営の前貸し資本による製塩事業を奥能登で推進したわけで、当時として先端をいく商魂たくましい合理的経営といえる。

このように奥郡蔵入地支配は、奥能登の地域的特性に依拠し塩専売制で莫大な収益をあげたほか、非農業民の生業に目をつけ課税強化したので、本年貢収取に特化した財源確保策から一歩抜け出た新しさがあった。城下町金沢などの都市部と鉱山町などが領内の主たる米市場であったから、そこに辺境の奥能登を加えたことは財政強化に資する所は大きかった。給人平均免拡充になかなか踏み切れなかった利常にとって、この蔵人地政策は事態打開に意外な道筋を与えるものであった。

大坂市場への蔵米販売は、利常が隠居した一六三九年頃から始まったが、それまでは前述の敦賀・小浜・大津が主たる領外市場で、あとは領内市場に頼るほかなかった。それゆえ大坂廻米開始前の能登奥郡は蔵米市場として貴重であった。

十村制の確立と不正代官処罰

利常は一六三一年（寛永八）三月、村支配の基本施策を「五八ヵ条」にまとめ本多・横山両老から郡奉行宛に発した。この「五八ヵ条」をみていくと、一二〇万石という巨大領国で本年貢・諸役（夫役・小物成など）をどのように徴収したか、寛永農政の全容と十村制の充実ぶりがわかり、十村制確立の画期をなす法度であったと評価できる。

前田領三ヵ国の村数は一六四六年（正保三）の正保郷帳でみると約二七〇〇ヵ村、一六五六年（明暦二）の村御印では約三二〇〇ヵ村に及ぶが、利長は一六〇四年（慶長九）、十村制という前田領独自の村請体制をしいてこれを治めた。十村とは簡単にいえば、他藩でいう大庄屋にあたるが、全国的にみても早い創設で独自性もあった。

前田領三二〇〇の村々を支配するには、一〇ヵ村程度の組（十村組）を作り、それぞれに十村肝煎《きもいり》を置き、走百姓防止や走百姓跡地の耕作や年貢負担を十村組に託す、また公儀普請役や地域の普請人足の徴発も十村単位に行うのが効果的とされ一六〇九年以来、藩政の末端機関として大きな役割を果たしてきた。年貢・諸役は村単位で徴収・納付されたが、十村も村請年貢皆済の責任の一端を担った。徐々に十村組を構成する村の数は増え、十村組の数は当初の三〇〇組から元和年間には二〇〇組以下に再編された。

十村は村肝煎や長百姓のなかから選ばれ、藩公儀による村請支配の受け皿となるだけでなく、給人支配の弊害除去のため、裁判権や行政権の一部を藩公儀また郡奉行から委任された。十村は、蔵入地（代官支配地）はもとより給人地に関してもさまざまな重責を負った。

「五八ヵ条」には郡奉行と十村が連携し、代官・給人による不当な百姓搾取や抑圧的な支配を抑制するための規定が多数盛りこまれていた。給人支配の弊害は先にみたとおりで、藩政の構造的矛盾の表出であったが、寛永期には蔵入地の村支配を担当する代官にも不正が横行し対策が求められた。村落内部でも小農自立が進展したことで、地主百姓と小百姓の対立、村相互の水利争い、隠田相論、新開地をめぐる対立など問題が多発していた。一六三〇年代の農政・藩政の矛盾や課題が、一六三一年「五八ヵ条」からわかり、十村制はこうした問題の全般に関与し、在地の責任者として職責は大きくなった。十村肝煎と十村組の法的・制度的な責務を総合的に明示した法度として一六三一年「五八ヵ条」は注目される。

これにより郡奉行と十村は、藩公儀による近世的支配、とくに代官・給人の不正を糺す尖兵となり、蔵入地・給人地を超えた一元的領域行政を担うようになった。

一六三六・三七年、前田領は深刻な飢饉に見舞われた。一六四二年頃の寛永末飢饉より前田領では深刻であった。利常は早速「半徳政」と称される困窮農民向けの借金帳消し令を出し、敷借米《しきがしまい》貸与という救済も行った。敷借米は改作法に継受されたので、利常の百姓経営救済策の先駆をここにみることができる。またこの飢饉のさなか、不当な高利貸支配を展開し困窮農民を食い物にした代官が多数発覚し一網打尽に処罰された。飢饉時に日頃の不正が発覚したわけで、代官支配そのものが腐りかけていた。算用場・郡奉行所という農政の指令塔で問題が発覚し、利常は愕然とする。

一六三七年に郡奉行の職務法度を郡別に発令し引き締め、藩財政の基幹を担当した算用場の改革にも着手した。情実や縁故で財政や農政を私物化した奉行稲葉左近ほか不正を働いた代官などを一掃した。しかし、この改革の成果をみることなく利常は二年後隠居した。元和・寛永期に進めた利常政治の基調の一つは知行制改革、すなわち給人領主権の形骸化であった。しかし利常が隠居した一六三九年（寛永一六）は、なお道半ばで、その最終的達成は晩年の改作法であった。だが隠居前のこの時点までに達成されたことも多く、隠居前に藩政が確立していたことを、あらためて確認しておく。

藩政の確立と藩政改革

従来の加賀藩成立史研究では、利常晩年の改作法が藩政確立の画期とされ、また改作法は初期藩政改革の代表例とされ広く紹介されてきた。しかし、初期藩政改革である改作法実施によって藩政が確立したという説明には、ずっと疑問を感じてきた。藩政改革を行うには確たる政治主体が不可欠であり、藩政遂行の主体が確立してもいないのに改革などできるのか、という素朴な疑問である。それゆえ、元和検地後に藩制成立と論じた山口啓二の所論に与し、本書では元和段階で「藩制」すなわち藩政は確立したと論じてきた。藩政確立のあとも利常は改革の努力を重ねたが、藩政確立後、どの施策を初期藩政改革と評価するかは案外悩ましく難題である。

初期藩政改革の前に藩政を主導した権力主体は成立し、藩公儀を標榜する大名・隠居・

家老らによって統一的な藩権力は確立していた。これを受け、財政強化や家中統合、また幕藩関係強化や産業育成など改革的施策が展開したが、その手法が緩慢かつ堅実な政策の積み上げでなされた時期と急激かつ急進的に進めた時期があったとみており、とくに領民や世評を意識し目的を明示した施策を短期集中で実施した後者こそが、「藩政改革」と呼ぶに値すると考えている。

どの大名家でも藩政史を概観すると、緩慢な恒常的施策が連続するなか時折、急激で急進的な仕法が見出され、これを「藩政改革」として叙述する。しかし、緩慢な恒常的施策の展開のなかから、藩政改革を区別し拾い上げることは意外に難しく、利常政治五四年を振り返っても、改作法期以外にも「改革」とみてもよい動向があった。寛永期の農政や算用場改革、また元和期の一連の施策も藩政確立を促したもので「改革」とみてよいかもしれない。しかし本書では、あえて「藩政改革」として説明することは避けた。改作法の意義を重視したからである。

利常は奥郡蔵入地支配を通して、非農業的生業に課税対象を広げ、また流通過程つまり生産現場と消費市場を仲介する商業利潤の世界に割って入り収益を確保した。年貢・夫役の増税だけでは藩財政は限界がくると察知、市場や流通過程を利用すればもっと大きな収益をもたらすと気付いていたからである。利常は、経済は米や金銀が流通することで回り、そこに収益を取るチャンスがあると気付いていた数少ない大名であった。その意味で、能登奥郡での塩専売制や現銀払米などは銀収入に着目した財政政策であり注目される。

それゆえ元和期の藩公儀確立を受け、寛永期に改革政治があったといえなくもないが、給人平均免の拡充ができず地方知行を温存させ、代官支配の弊害除去にもつとめる苦労を重ねていたので改革という評価は避けた。しかし藩政の基盤は固まり、確固たる体制ができたので隠居したのである。

知行制改革の背景と行方

諸藩の初期改革を概観すると、知行制改革と藩財政立て直しという改革アイテムが圧倒的に多い。小農自立政策も重要な改革指標とされるが、確実な証拠を示すことが難しく、明確な論証を伴っていないケースが多い。それゆえ、他藩の初期藩政改革論の大半は、知行制改革もしくは財政再建策を論じて代えることが多い。

本書で利常の知行制改革に深入りして説明したのは、他藩と比較し易く理解が深まると考えたからであった。前田家の知行制改革の特徴を端的にいえば、第一に藩公儀が利常の治世とともに一六〇五年頃から定着したので、給人領主の裁判権・行政権などは、早い時期から限定され、大名権限つまり藩公儀のなかに吸収されていたことがあげられる。その結果、個々の給人に残された権限は税権のみとなり、給人の不正は税権を発信源としていた。

第二に注目したのは、この給人税権の形骸化の切り札は給人平均免制であるという点である。前田家では一六一〇年（慶長一五）新川郡で先行実施があり、その拡充が課題であったが、利常は隠居時まで、大きく進展できなかった。利常は自ら掌握した藩公儀の権限を使い、実地に即し給人の裁判権や行政権を押さえ込むのに二〇年以上もの年月を要し、給人平均免拡充にまで手が届かなかったのである。ここから地方知行という問題の根深さ・厄介さがわかる。簡単には是正できない幕藩制国家の構造的病巣といってよい。

さらにいえば、地方知行の形骸化が達成されたあとには、領主権を喪失した武士たちの倫理頽廃問題が起き、武士の不祥事と「風俗」矯正が深刻な矛盾として噴出する。

高野信治は近世知行の本来の姿は地方知行であり、形骸化されたあとも名目的に明治まで存続した約四〇の大名家の知行制に注目し、名目化した地方知行の持つ影響力の大きさを執拗に追究した。公儀としての幕府や藩に奉仕する官僚的な武士に変質してしまったのに、また領主権を実質的に失ったのに、領主的矜持を保ち儀礼や習俗のなかでこれを堅持しようとした意義を考え続ける（高野『近世大名家臣団と領主制』など）。こうした点にも目を向け、知行制改革は最終的に何を目ざしていたのか、藩政の各時期で何が改革されたのか注意深くみていかねばならない。藩ごとに事情は異なるので、まずは個別に、次いで相互に比較することが大切である。

一揆の国での国づくり

分裂する本願寺と広がる寺檀関係

　百姓どもの仕置は心易き儀と存じ候や。一円さようにてはこれなく、この三ケ国は一揆国にて候。信長の時分、一向宗の門跡（顕如上人）、信長へ敵対し、北国の一揆おこり候。信長より所々それぞれ縮りの城主をさしおかれ候。加賀・越中は別して百姓の心だてあしく、国主へも手ごはり申し候。

「この三ケ国は一揆国にて候」

これは前田利常《まえだとしつね》が一六五五年（明暦元）春、小松城から参勤に出る日の朝、お気に入りの小姓品川左門に語った言葉である。側にいた若き小姓藤田安勝が筆記した逸話集「微《み》妙公《みょうこう》御《お》直言《ちょくげん》」（『御夜話集』上）の一節である。利家・利長が一向一揆の国を治めるのにどれほど苦労したか記し、「利常の時代になって門徒衆は平穏になったが、油断してはならぬと考え改作法を考案した。改作法《かいさくほう》は一揆の国を治めるためであった」と年寄たちに伝

えるよう左門に諭《さと》した。これが、この逸話の趣旨である。右の引用に続き、

能州はさほどにもこれなく候。とりわけ石川・河北、ことのほか横着者共……何かと申す時は早く取り籠め申し候。石川・河北は世間にも荒れ者と申し候佐久間玄蕃（盛政）を指し置かれ、越中は佐々内蔵助（成政）、能州は大納言様（前田利家）へ給い候。それ以後、三ケ国この方の領分になり、大納言殿・故肥前殿（利長）油断なく厳しく申し付けられ候。我らの代になり候ては次第に治まり、おびただしき事これなく。横着者・手ごはり候者をば首を刎《は》ね、はりつけに申し付け厳しき仕置仕り候について、次第によろしくなり申候て、その後は気遣《きづか》い仕るほどの事はこれなく候。しかれども油断はなり申さず候。

と続く。

織田《おだ》信長《のぶなが》は本願寺・一向一揆と石山合戦を戦ったが、伊勢長嶋や越前府中で一向一揆勢を皆殺しにしたため、その残忍さや対立の根深さの証拠とされてきた。利常は、加賀・能登・越中の一揆勢にもこれを連想させる武断一辺倒で鎮圧したと小姓たちに豪語したらしい。しかし、これを額面どおりに受け止めるべきか一考を要する。「横着者・手ごはり候者をば首を刎ね、はりつけに申し付け」、次第によろしくなったと述べた所は、戦場のならいとして、そのような局面もあったとはいえ、「厳しき仕置」一辺倒ではなかったことも近年、解明されている。

九〇年ほど前、福井県越前市小丸城跡（旧武生市味真野）付近で発見された「呪いの文字瓦」とも呼ばれる遺物（城の屋根瓦）に「前田利家殿が一向一揆の人々を千人ほど生け捕りにし処刑した。磔のほか釜に入れて焙《あぶ》り殺したとか。ここに一筆書きとどめたゆえ、後世にて御覧になるよう、これを語り伝えてほしい」という趣旨の文字が刻まれていた。

「文字瓦」と一揆殲滅史観

この「文字瓦」は誰が何の目的で書き付けたのか謎が多く、解釈だけでなく真贋論争も起こった。しかし、本章冒頭で紹介した利常逸話の発言やこの文字瓦の文言なども根拠とされ、信長政権と本願寺・一向一揆は壮絶な戦いを行ったという理解が広がった。一向一揆研究の泰斗井上鋭夫もこうした史料を紹介し、織田政権と一向一揆はぬきさしならぬ対立関係にあったと論じた。

また越前一向一揆虐殺の先頭に立った前田利家が、加賀百万石の藩祖であり金沢城の主であったことも喧伝された。織田政権と本願寺・一向一揆は根源的に対立したという理解は五〇年前、主流であった。しかし、近年こうした対立一辺倒の理解に疑問も出ている。

戦国期と近世の本願寺教団、あるいはそこに結集した真宗門徒や坊主たちは本質的に違うのか同じなのか。近世国家が成立したあと、また教団が東本願寺・西本願寺に分かれたあと変化したとみるべきか、などの疑問が古くからあったが、十分解明されたとはいえない。北陸は「真宗王国」と呼ばれるが、それは戦国期の一向一揆が源流なのか、むしろ明治期の真宗革新運動によるのか、近世の「仏教土着」がもたらしたものか、これも多様な見解があり結着がついていない。

戦国期の本願寺と近世真宗の連続性に注目し、問題解明に大きなヒントを与えてくれたのは神田千里の一連の仕事であった。信長の「天下統一」事業の最大の敵対者は本願寺・一向一揆であり、石山合戦一一年は中世末における二つの国家構想がぶつかりあった抜き差しならぬ対立とみる歴史理論に異義をとなえ、両者は決して非和解的な対立関係にあったわけでなく、本願寺教団は豊臣政権のもとで赦免され、共存の道を探り協調する途を歩んだことを論じた。その過程で本願寺教団は東西に分裂したが、二つに割れた本願寺はそれぞれ独自に大名前田権力と微妙な駆け引きを展開し共存の道を歩んだ。しかし、その経緯を詳細に論じた藩政成立史研究は乏しく、神田の提言は永らく前田家領国の形成史のなかで生かされず、今も課題として残されたままである。本書では、近世における真宗門徒や寺院の変容も視野に入れ、この課題に取り組みたいと考えている。

「百姓持ちの国」から一二〇万石の前田領に

本願寺八世蓮如《れんにょ》は「王法為本《おうぼういほん》」を説き、一四八八年（長享二）の一向一揆で守護富樫《とがし》氏を滅ぼした専光寺（吉藤村）や光徳寺（木越村）など加賀の大坊主らを厳しく叱りつけた。その後、蓮如の子供たちが住職をつとめる一家衆寺院（加州三ヵ寺）が加賀を支配したが、本願寺宗主は室町幕府の政争に深入りし政争に巻き込まれた。さらに本願寺でも内部抗争が起き、加賀の大坊主や一家衆寺院の支配はやがて否定され、本願寺直結の寺院（超勝寺・本覚寺）が加賀の支配権を掌握し、郡一揆《ぐんいっき》や組を支配下においた。

一五四六年（天文一五）には、北加賀の交通の要衝（現在の金沢城跡）に金沢御堂（金沢坊）が設置された。戦国期の本願寺は「加賀の大名」と形容されるが、守護同前の役割を果たしていたので金沢に大坂本願寺（宗主）直轄寺院（末寺）を置き加賀の国支配の拠点とした。同時に加賀の直参門徒や坊主衆の要望にこたえた教団機関であったから、金沢御坊と呼ばれ、門徒中の懇志（献金）や労役提供は金沢御坊が窓口となった。武士・坊主・百姓らが治めていた「百姓持ちの国」は、こうして本願寺領国に変容し、やがて信長との一一年に及ぶ石山合戦に至る。

隣国越前では戦国大名朝倉氏が守護権を行使、能登・越中では畠山両家がそれぞれ守護として君臨したが、領内武士層に本願寺門下が多く、隣国大名と結ぶ在地武士団もいたので領国掌握は脆弱であった。戦国末期、石山合戦期になると、越中も能登も越後上杉謙信《うえすぎけんしん》の支配下に呑み込まれた。本願寺・一向一揆が上杉氏と同盟したからである。

前田領の加賀が、織田信長の支配下に入ったのは石山合戦（一五七〇〜八〇）が終結した一五八〇年（天正八）四月である。八一年末には能登・越中も織田政権の下に降った。柴田勝家《しばたかついえ》・佐久間盛政《さくまもりまさ》が加賀四郡、前田利家が能登四郡、佐々成政《さっさなりまさ》が越中四郡に分封され、徐々に領国支配を固めていった。

一五八二年六月、本能寺で信長が殺され、その後の後継争いを勝ち抜いた羽柴秀吉《はしばひでよし》は、まず八三年、柴田勝家を破ると同年五月、金沢城にて北陸諸国の国分けを行い、前田利家は能登のほかに北加賀二郡が加増された。また一五八四・八五年の、秀吉と徳川家康《とくがわいえやす》の天下を二分する戦争では、越中国主佐々成政が家康と同盟し秀吉政権に敵対した。利家は秀吉方につき忠誠を尽くし、一五八五年閏八月の秀吉による越中平定を受け、前田家は秀吉から越中三郡を拝領した。利家は嫡男利長に越中三郡の支配を任せた。こうして加賀南二郡と越中新川郡《にいかわぐん》を除く北陸三ヵ国九郡が前田領となった。利家・利長父子は合わせて約八〇万石の領知を経営する有力大名となり、文禄年間に豊臣秀頼《とよとみひでより》の傅役《もりやく》となり、やがて豊臣政権の大老として家康に次ぐ地位に立った。

また関ヶ原合戦で徳川方に味方した恩賞として一六〇〇年（慶長五）九月南加賀二郡を

獲得、これに太閤蔵入地《たいこうくらいりち》の新川郡も加えて前田領は三ヵ国一二郡となった。この前田領三ヵ国一二郡一一九万石は、利長から利常に移譲されたが、経緯は前に述べたとおりである。

大坂籠城を支えた加賀門徒

一向宗という呼び名は、近世になっても宗門帳などで広く使われるが、以下では近世の本願寺教団につき「真宗東派・西派」と表記する。慶長年間（一五九六〜一六一五）より本願寺教団は、一二代宗主教如《きょうにょ》が別立させた東派（現在の真宗大谷派）と、秀吉の後押しで新宗主となった准如《じゅんにょ》率いる西派（現在の本願寺派）に分裂したからである。

本願寺教団分裂の発端は、石山合戦の終盤、一五八〇年（天正八）閏三月に一一代宗主顕如《けんにょ》が受諾した信長との勅命講和であった。本願寺顕如は一五五九年（永禄二）門跡寺院の格を得ており、信長が正親町天皇《おおぎまちてんのう》を介し申し入れてきた講和は無視できない重みがあった。苦境にあった戦局打開のためにも受け容れざるを得ない講和であった。

他方で、それまで一〇年以上石山合戦を戦い抜いてきた門末がおり、彼らに講和を納得させる必要があった。加賀・能登・越中の惣門徒中・講中に顕如から書状が届き、講和受諾に従うよう説得したが、納得できない者も多数いた。顕如の長男教如もその一人で、不倶戴天の法敵としてきた信長に、大坂本願寺という聖域（仏法領）を蹂躙させるわけにいかないと、父に敵対し大坂籠城を主張した。教如は父顕如の大坂退城に従わず、同年八月二日まで抵抗を続け、父から勘当（義絶）された。

だが教如の主張した籠城（大坂拘様《かかえざま》）に賛同した坊主・門徒衆が各地に多数おり、加賀・能登・越中では教如支持者が多数を占めた。しかし八月二日、教如は大坂本願寺から

図9　本願寺の歴代住職

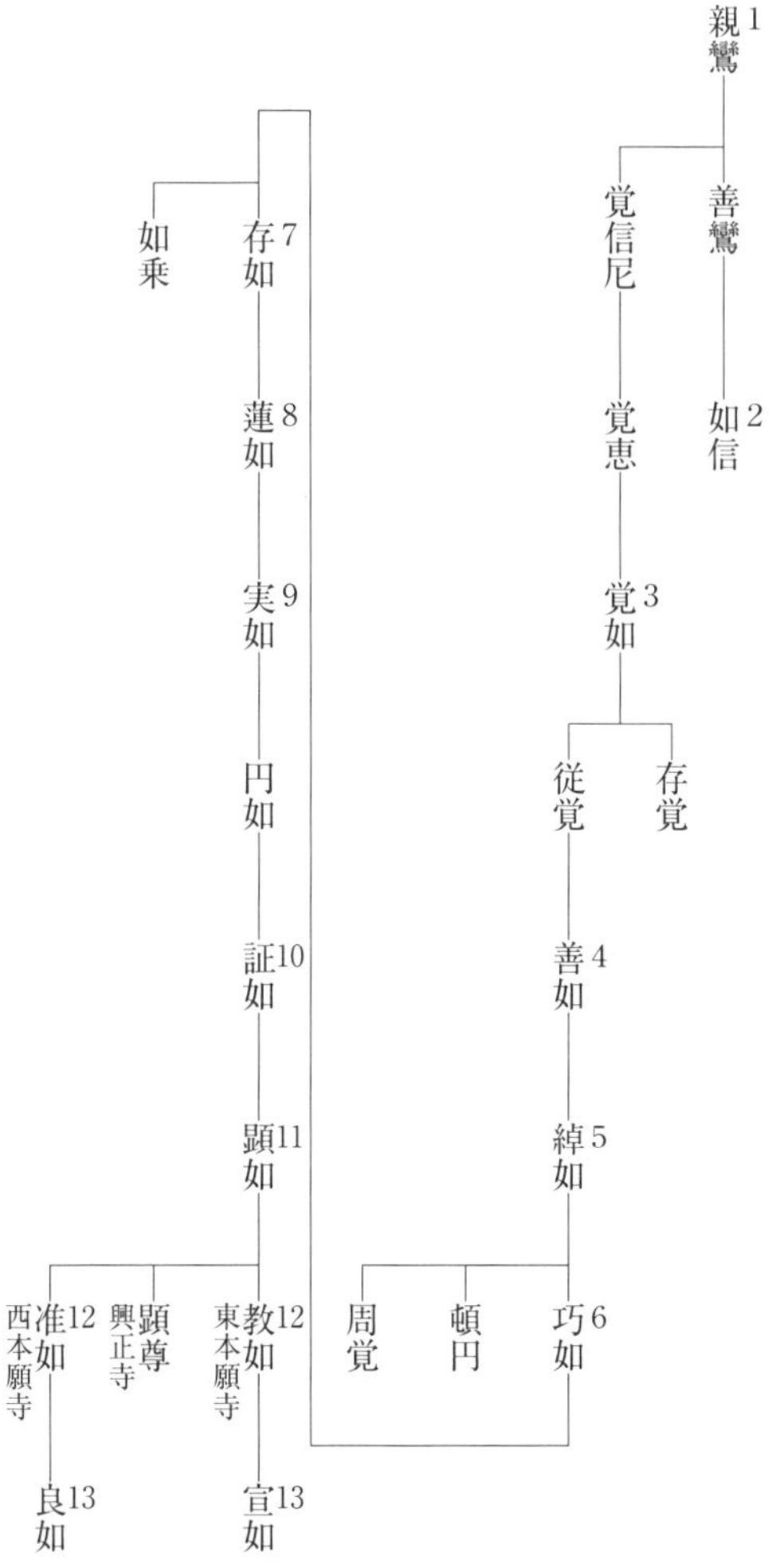

退去した。信長に和睦を申し入れ、かろうじて信長と合意したうえでの行動だった。しかし、教如はその後二年にわたり流浪し、反信長の軍事行動を鼓舞し続けた。

一方、紀州鷺森《さぎのもり》に退去した顕如は信長政権との和睦・協調の姿勢をより明確にし、各地の坊主衆・門徒衆に、教如の檄に惑わされぬよう消息を送り自粛を求めた。その結果、一五八一年三月、信長は「諸国より本願寺へ参詣の事、雑賀鷺森に至りて、その煩ひあるべからざる者なり」という制札を発し、諸国の門末が鷺森の本山に自由に参詣することを保障した。講和から服属へ素早く転じた顕如の態度をみて信長はこれに報いたのである。

しかし、加賀・能登の門末は顕如の和平路線に背き、抵抗を続けるものが多く、信長配下の前田利家・佐久間盛政・柴田勝家らは、敵対する一揆方との戦いを継続せねばならず、敵対者を成敗し多くの首を安土に送った。利常が語った「首を刎ね、はりつけに申し付け」た「厳しき仕置」は石山合戦のあと本能寺で信長が殺されるまで続いた。

一五八二年本能寺の変が起き、信長を失った政権は一時混乱に陥るが、秀吉が後継者として統一権力を掌握すると、紀州鷺森にいた本願寺顕如は秀吉政権との協調につとめ、新たな教団保護者として迎え入れた。したがって、豊臣政権のもと利家・利長が金沢や北加賀、また越中三郡を支配するようになってから、本願寺や一揆衆の坊主・門徒中との関係は改善され、緊張関係は残しつつも協調してゆく。

豊臣時代の前田家は、真宗門徒・坊主に対して慎重な態度を取った。冒頭の利常の回顧談は注意し読み直す必要があろう。

教如の隠居と本願寺の分裂

信長政権末期の一五八二年（天正一〇）正月、前田利家が能登七尾の城主として富山・魚津に出陣し上杉方と戦ったときだが、留守将の冨田景《とだかげ》政《まさ》に「国中の道場坊主職」認定（進退）の裁定権を与え、国法の立場から本願寺教団に属する坊主分の掌握を図った。これは能登四郡の坊主・門徒の大半が教如の抗戦論に賛同していたからで、信長と顕如の和睦誓詞を遵守する坊主か、そうでない坊主かの区別を冨田景政に任せたものであった。

冨田は教如派か顕如方か見定める方策として重い坊主役を課した。賦課した坊主役に対する反応をみて忠誠と服属度合を調べたとみられる。潜伏する教如派の摘発は難しかったことが想定され、武断一辺倒では、教如派が多数を占める能登の支配は穏便に進められなかったのである。それゆえ秀吉政権と本願寺が協調路線を歩んだことは利家にとって幸いなことであった。一五九四年（文禄三）利家は能登の坊主役賦課を停止した。この道場坊主役停止は、秀吉政権下での前田家・本願寺の協調関係が深まった証しであり注目したい。

一五八三年の賤ヶ岳合戦の際、秀吉は本願寺に加勢を求め一揆勢は秀吉軍の進軍を助けた。顕如は戦後、丹羽長秀《にわながひで》・前田利家・佐々成政らに使者（寺西若狭）を送り本願寺門徒の保護を頼んだ。一五八五年閏八月に秀吉が越中出陣したとき顕如は、いっさいの軍事動員与同を厳禁し秀吉方に忠誠を尽した。これと並行し顕如の本願寺は、鷺森から和泉貝塚（一五八三年）に、また大坂天満（一五八五年）へと寺地を移し、一五九一年にはついに京都七条堀川にて寺地を得た。秀吉は本願寺の軍事的協力を得て統一事業を進めたのである。

しかし、一五九二年一一月顕如は京都にて病没、長男教如が一二代宗主となった。秀吉はこれをいったん認めたが、母如春尼と教如の確執が表面化した。秀吉は如春尼の訴えを受け入れ一五九三年閏九月大坂城に教如を召喚、一一ヵ条にわたり非違を指摘し隠居を強要した。教如はやむなく受諾し、代わって顕如の三男准如が新しい宗主となった。同年一〇月秀吉と関白秀次《ひでつぐ》から准如に本願寺住職の任命書（証状）が叡慮を受け発出されたので、教如は請書を出し隠居、御裏方と呼ばれ一線から退いた。これが東西分裂の直接の発端であった。

このあと隠居した教如が隠忍自重したのであれば問題なかったが、一五九四年から公然と布教活動を行い、三河・近江ほか北陸などで教如を支持した「大坂拘様」派に対し親鸞（宗祖）御影などを下付し懇志の受領も行った。宗主同前のこうした隠居の振舞いに准如の本願寺では怒りが爆発し秀吉に訴え、真宗教団は深刻な分裂に陥った。

前田領では金沢坊も分裂

一五九四年（文禄三）二月、利家は前述のとおり能登の坊主役免除を行ったが、同年七月、金沢袋町に一〇〇間四方の寺地を寄進し金沢坊（西本願寺の金沢末寺、現在の金沢西別院）の再興を許し「金沢表末寺」宛に制札を与えた。この金沢表末寺は准如率いる本願寺（西本願寺）の金沢坊であるので、以下では西派の金沢坊と呼ぶことにする。というのは、この西派金沢坊の設立に、隠居した教如を支持する金沢の東派の門徒・坊主中が猛反対し、これに対抗し東派の金沢坊設立運動を始めたからである。

一五九四年に利家が西派金沢坊を再興し公認したことは、信長時代に柴田勝家と佐久間盛政によって奪い取られた金沢御堂（金沢坊）が再興されたことを意味した。利家の居城、金沢城は金沢坊跡地で造営されたが、それから一四年の時を経て、前田家の庇護のもと旧地を追われた金沢坊が城下町に再興されたのである。しかし、かつて「大坂拘様」を支持し教如を支えた加賀門徒と金沢の門徒・坊主衆は、これを見逃さず容認しなかった。

一四年前、金沢坊から敗走した堂衆らは、しばらく雌伏したのち金沢城下にて広済寺・上宮寺・慶恩寺などの寺庵を営んだが、大半は教如支持の立場を堅持し、前田利家の町作りに協力した。しかし、利家による西派金沢坊再興に承服せず、准如の本寺住職就任は不当とし参詣を拒み、一五九七年（慶長二）には教如派の頭目専光寺などが主導し、金沢後町《うしろまち》で公然と東派の金沢坊別立を画策し、教如から宗祖（親鸞）御影も拝領した。

この東派による金沢坊別立の画策は宗主准如を怒らせ、叡慮と秀吉の裁定を踏みにじる敵対行為であると秀吉や利家に厳罰を求めてきた。西派金沢坊に対する押領《おうりょう》行為も起きたので、利家は准如が派遣してきた使僧（下間頼賑）を迎えると准如方を側面より助け、厳罰に処すと恫喝し、東派による金沢坊別立運動を鎮圧した。

しかし、利家の本音は教団内部の紛争に深入りすることには慎重で、「仏法の批判」は取り計らいにくいゆえ使僧下間頼賑《しもつまらいしん》が前面に立って鎮定すべき案件とし、背後より西本願寺の使僧を後押しした。秀吉も利家も教団内紛議に深入りしないという姿勢が濃厚であった。何かを恐れていた印象を受けるが、教団が分裂し衰退するのを望んでいたのかもしれない。しかし、俗権力の圧力が加わったので一五九七年の教如派の策動は、表面上抑圧され、しばらく平穏を保った。

東派金沢坊の公認

加賀・能登・越中で教如派の門徒・坊主衆が多数を占めていた点は（三一ページ表1）、従来の藩政成立史では立ち入ってふれられることはなく、本章冒頭で紹介した利常の「この三ケ国は一揆国」という言葉を引用するだけで済ませてきた。しかし、利家・利長時代の顕如率いる本願寺教団は、「新門跡」と呼ばれた教如を後継者とし、前田領など各地の門末に教如が大きな影響を与え続けていた。他方で宗主顕如が進める豊臣政権との融和・協調路線が大きく進展したのである。しかし、顕如の豊臣政権への服属と外護を受け入れる戦略は、内部に大きな火種を抱えていた。この危うい状態が何ら改善されぬまま顕如が死去、教如の継職、教如の強制隠居という事態を迎え、内部の亀裂は一五九七年（慶長二）には修復不可能な状態に立ちいたった。その翌年秀吉と如春尼（教如母・顕如室）が死去し分裂は加速した。

こうした内部矛盾は前田家も察知しており、利長が一五八五年（天正一三）に九州出陣した際、また一六〇〇年の関ヶ原合戦出陣時などに、領内真宗寺院や坊主衆に人質としての城詰めを命じた。教如派の動静を警戒していたのである。さらに一五九三年（文禄二）の教如隠居のあと、教如派門末が別立行動を明確にしたときも、利家は前述のとおり難しい対応を迫られたのである。

一五九七年の金沢・北加賀の教如派門徒弾圧に際し、金沢城下の教如派門徒一〇〇人と北加賀門徒七八人は、本願寺の使僧から名指しで恫喝されて、准如（下間頼賑）に対し准如継職を誹謗し否認しない、これを受諾し尊崇につとめるという誓詞を提出した。この誓詞は今も残っており（図10）、名を連ねた教如派一七八人の顔ぶれをみていくと、城下で町肝煎《まちきもいり》をつとめた有力商人、のち十村役《とむらやく》になった有力農民などが多い。

つまり誓詞を出した教如派の面々は、利家膝下の城下町で町肝煎をつとめ、城下経済を

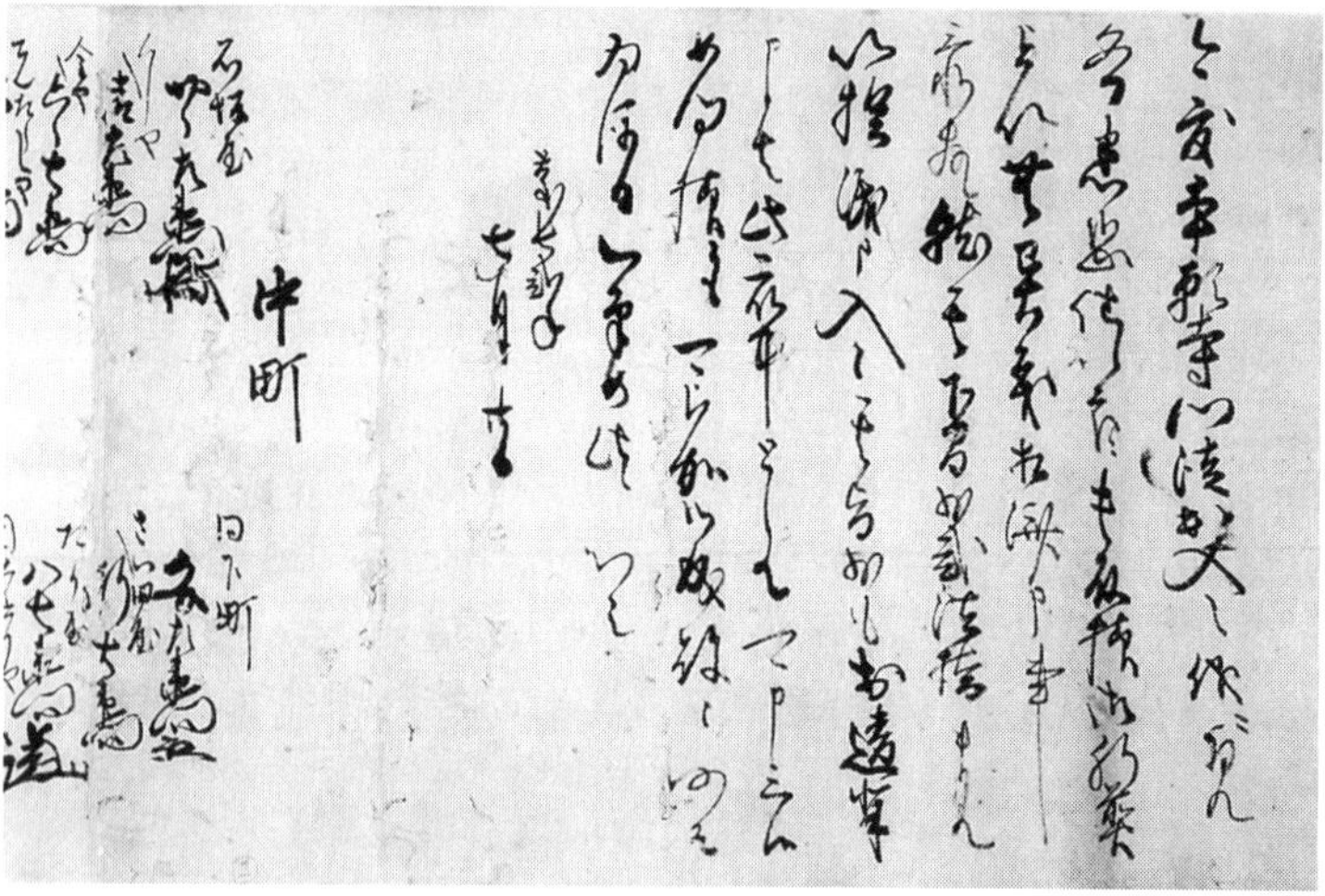

（巻頭）

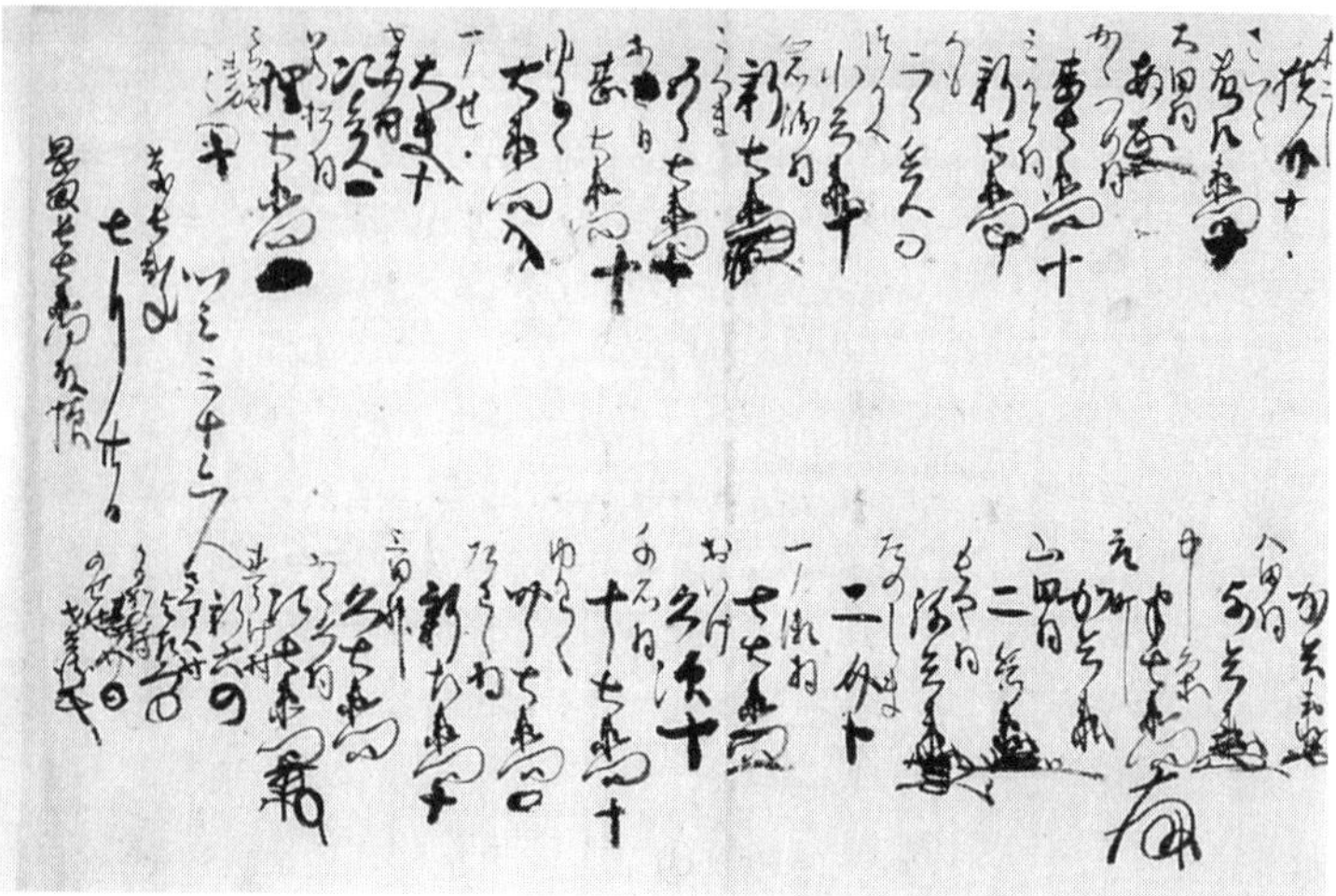

（巻末）

図10　金沢・加賀二郡の真宗門徒誓詞（「御分派に関する古文書」，龍谷大学大宮図書館所蔵）

支えていた有力者や村の指導者ばかりであった。彼らは石山合戦敗北以後、徐々に東派寺院を城下町に誘致した町人たちでもあった。一六〇〇年の関ヶ原合戦までは、教如派ゆえ大名前田氏から叱責され指弾を受け表面上准如派に帰依したが、表1に示された金沢城下町の真宗東派寺院五四ヵ寺を支えていたのは、この誓詞に署名した熱烈な教如派門徒であった。

関ヶ原合戦のあった一六〇〇年以後、教如は家康との連携を強め教団別立の動きを加速させた。その結果、家康の後押しもあり一六〇四年には東本願寺を六条烏丸の新寺地に建造し、教団別立を事実上成し遂げた。しかし、幕府や公家社会がこれを公認するのは、やや遅れ、教如死後、元和期（一六一五〜二四）であった。

一六〇四年の東本願寺建立・披露に連動し金沢でも同年四月、後町にあった専光寺付近で東派金沢坊が別立された。東派による事実上の金沢坊再興といってよいが、藩主利長はこれを公認せず黙許するにとどめた。すでに利家公認の西派金沢坊があったからで、利長は在世中、袋町の西派金沢坊のみ外護した（木越隆三「城下に移った近世金沢坊と大名前田家の公認」）。

利長は一六一四年五月高岡城にて病死したが、教如も同年一〇月京都で病死する。そのあと宣如が東本願寺住職となったが、二代将軍秀忠《ひでただ》は一六一九年（元和五）、家康が与え

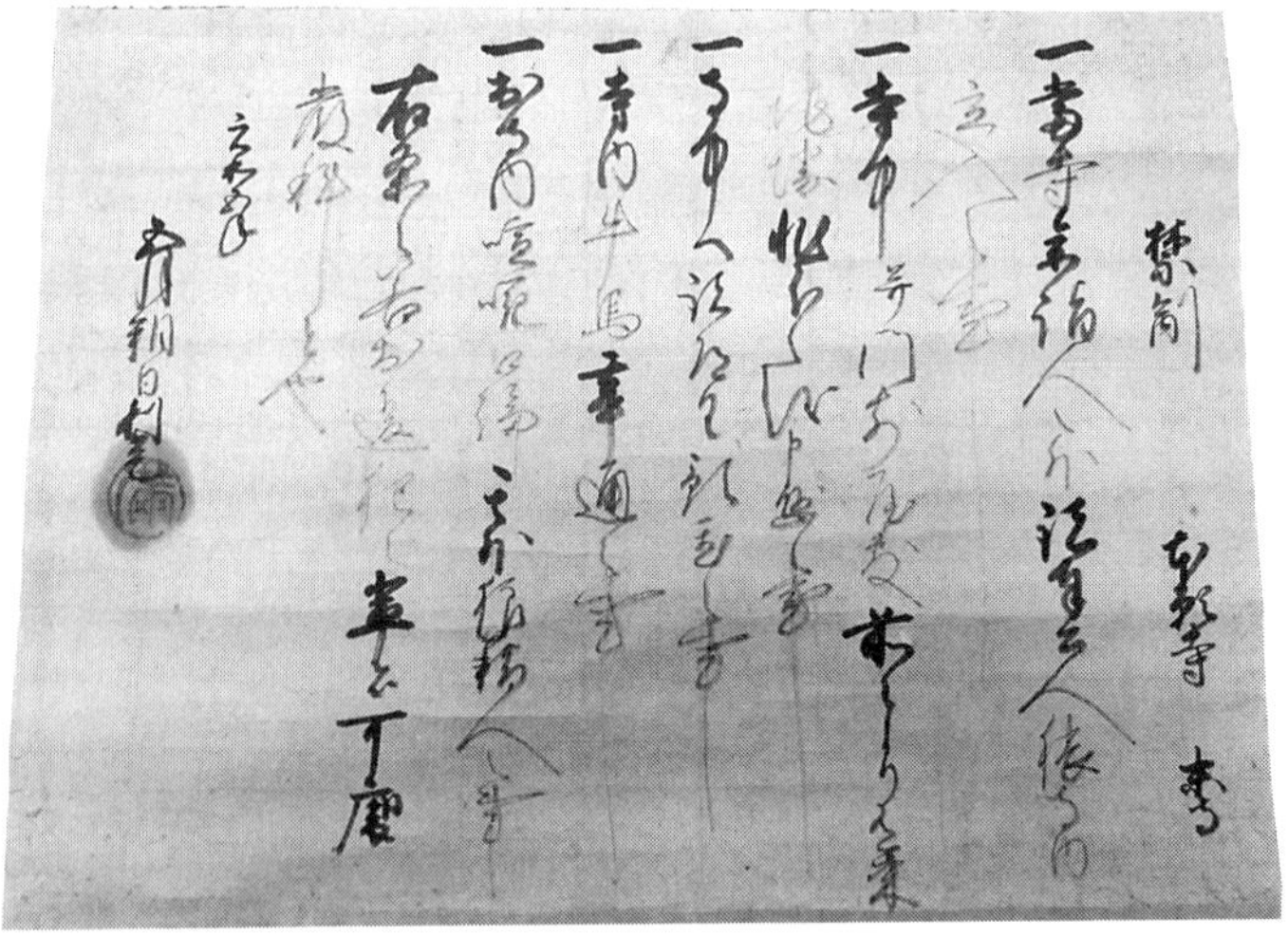

図11　前田利常朱印状（真宗大谷派金沢別院所蔵）

た六条烏丸の東本願寺屋敷を正式に安堵する寄進状を発した。その四ヵ月前の同年五月、利常は東派金沢坊（東末寺）に藩主として初めて制札（図11）を与えた。前田家は、将軍家と足並みを揃え、ようやく東本願寺と東派教団を公認したのである。

事実上の認定は一六〇四年の東派金沢坊別立のあとだが、この年制札を与えた意味は大きい。石山合戦終結以来の教如派との微妙な関係はこれで清算され、結果として金沢に東西二つの金沢坊ができ真宗教団も二つに分かれた。藩の寺院行政は以後、二つの真宗教団をそれぞれ別物とし統制・管理していった。

東派寺院の金沢来住と創建

戦国以来、越中門徒結束の要であった勝興寺（高岡市伏木）・瑞泉寺（南砺市井波）は、前田家入国後も越中真宗寺院のトップの地位にあって、顕如の和平路線を継承する新宗主准如の継職を歓迎し本願寺の重鎮としてこれを支援した。とくに勝興寺は本願寺一門として顕如を支えてきたが、顕如死後は准如を盛り立てることに徹した。

利長は越中三郡の領主となったときから勝興寺・瑞泉寺と緊密な関係を築いていたので、三ヵ国の領主となった一五九九年（慶長四）以後も、前田家当主として准如の真宗教団（西本願寺）を保護した。その結果、加賀・能登に比べ越中では真宗西派寺院が多く、東派と勢力は拮抗していた。なお利常時代の一六四九年（慶安二）、瑞泉寺が真宗西派から東派に転派したため、東派が越中でも優勢となった（三ページ表1）。

藩公認の金沢城下の真宗東派寺院は、一六八五年（貞享二）時点で五四ヵ寺、西派寺院はわずか六ヵ寺であった（表1）。この東派五四ヵ寺は、石山合戦敗北の一五八〇年（天正八）以後順次、金沢で創建または郡部から金沢に来住したものである。五四ヵ寺の金沢創建・来住年次を、各寺院の由緒書のほか本尊木仏・宗祖御影・寺号を教如や東本願寺から拝領した年次などと付き合わせ推定した結果、だいたいの所を確認できた。一〇六・一〇七ページの表3は、その来住・創建年を利家時代・利長時代・利常時代・利常隠居期な

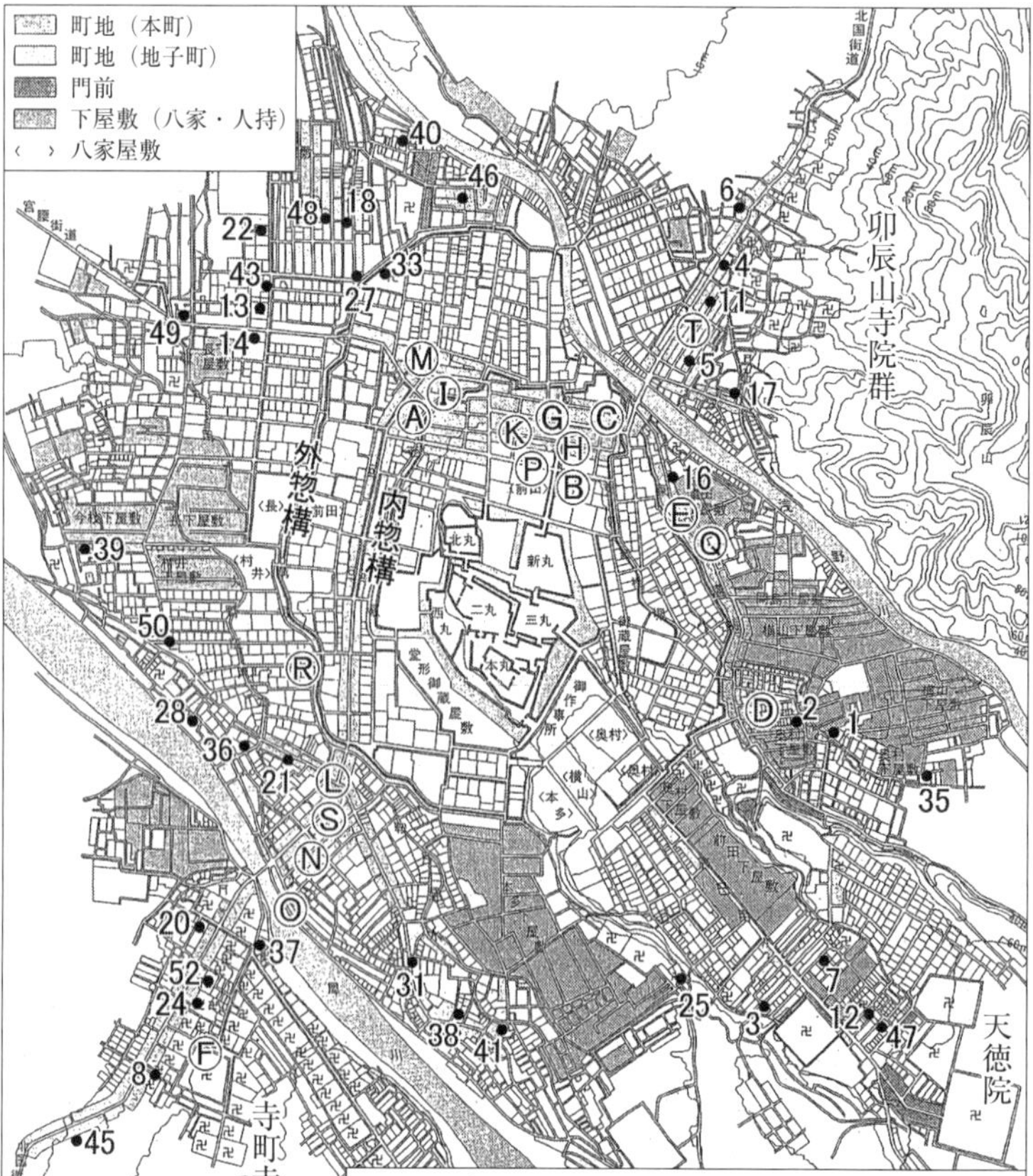

図12　金沢城下真宗寺院位置図（1685年〈貞享２〉）

（注）『図集日本都市史』（東京大学出版会，1993年）の「延宝金沢図」をベースとして作成．

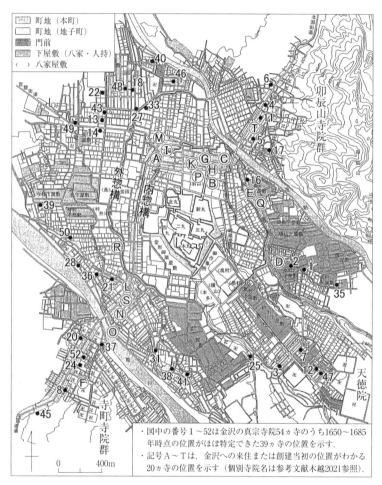

どの時期に区切り総括してみたものである。創建か来住か不明とせざるを得ない寺は「不明」と分類し金沢で寺基を確立した年で分類した。

その結果、石山合戦終了後、利常が死去した一六五八年（万治元）までに五二ヵ寺もの東派寺院が創建または来住したことがわかり、彼らが成立早々の東派金沢坊を支えたことが窺える。五二ヵ寺の移住・創建年の内訳をみると利家没年（一五九九年）までの一八年間で一五、利長が金沢城主であった七年間は五、利常の藩主時代三四年間は二三、利常が小松城に隠居した一九年間は九であった。

利家時代は創建が来住より少し多い。このなかには金沢坊が敗北し陥落したとき御堂衆をつとめた広済寺・慶恩寺、また一六〇四年の別立当初に御堂衆に登用された永順寺・光専寺、また戦国期以来の有力坊主で金沢の教如派の中核にいた専光寺（後町）・仰西寺などが含まれ、彼らが東派金沢坊別立を主導したとみてよい。利長時代の五ヵ寺のなかには、真宗東派の触頭となった善福寺・金沢瑞泉寺などが含まれる。

利常時代の二三ヵ寺のうち、利常が真宗東派を公認した一六一九年（元和五）以前は一二、以後は一一で、東派公認までの移住・創建寺院は三二ヵ寺にのぼった。東派寺院の創設・来住による金沢城下での東派優勢は、藩の公認前にすでに成っていた。東派金沢坊を与力する体制が固まったところで、藩として公認したといえる。

なお東派公認以前は創建と来住はほぼ拮抗していたが、公認以後は創建寺院が激減、来住寺院が多い。郡部から金沢城下に移り安定した地位を得た門徒たちが、かつての檀那寺《だんなでら》との寺檀関係を維持するため隠居寺分立も含め、金沢への来住を求めたことが要因であろう。藩による公認、また城下町門徒の要望もあり城下に来たが、その背景に門徒との寺檀関係の展開と深まりがあったことも忘れるべきではない。

草の根の教団組織と真宗王国

前田領三ヵ国の国柄について「能登はやさしや土までも」といわれ、また一揆勢の抗戦ぶりを語った『利常夜話』のなかでは「能州はさほどにもこれなく」と語られていたが、意外なことに、能登四郡では教如支持の門徒・坊主（真宗東派）が多い（三ページ表1）。これを裏付けるように能登の東派坊主衆・門徒中は慶長期、早くも教団組織を作り寺檀関係の広がりのなかで発生した諸問題に対処していた。

一六〇二年（慶長七）二月、能登東派教団のなかで「四郡の年寄衆」と呼ばれていた妙厳寺（珠洲郡）・本誓寺（鳳至郡）・本念寺（羽咋郡）・長福寺（鹿島郡）など六ヵ寺は、利常から能登支配を

利常隠居期(1640-58)	利常没後(1659-76)	合　計
9カ寺	2カ寺	54
3	2	24
1	0	16
3	0	4
2	0	10

もの．不明は金沢で創建したのか，他所
立時点を年次として表記した．

任されていた七尾城代前田利好《としよし》に、異端教説を吹聴し門末を惑わせた坊主を教団の坊主身分から排除した一件につき報告をしていた。

異義者とされた問題の坊主は、鹿島郡曲村の坊主分藤二郎の下坊主で慶祐といい、鳳至郡《ふげしぐん》山田村在住で、御符・八卦・月暦にて占い師まがいの行為をあちこちで行い、各方面から訴人が出た。調査の結果、これらは真宗教義に反する行為とされ、師匠筋（上寺）にあたる藤二郎は指導の不始末を問われ、厳しい対応を迫られた。藤二郎は「組中の坊主衆」と相談し、「今後かの慶祐坊は義絶し

表3　前田家三代と東派寺院金沢来住・創建数

	利家時代（1580-98）	利長時代（1599-1605）	利常時代（1606-39）
内　訳	15カ寺	5カ寺	23カ寺
来　住	5	2	12
創　建	6	1	8
隠居分立	0	0	1
不　明	4	2	2

（注）　隠居分立は，隠居した住職が金沢に別寺院を設置した
から来住したか明確ではないもので，金沢での寺基確

介抱しない」と法縁を切る請書を四郡の年寄衆に提出、一件は落着となった（『能登阿岸本誓寺文書』）。

東派の異端坊主は教団内の相談や合議を経て組織的に排除され、藩の七尾城代に「四郡の年寄衆」より報告したので、真宗東派の能登教団が自律的かつ組織的に機能したことがわかる。しかも一六〇二年の真宗東派は、なお加賀藩による公認がない状態にあり、京都

の東本願寺も寺地を得ただけで堂舎も十分でない時代であった。しかし、能登の教如派を自称する坊主・門徒中は、戦国以来の在地信仰組織をバックに、組織的対応をしていた。一揆の伝統を継承する自立的な行動といえよう。

一六一〇年一〇月には、やはり東派能登教団の年寄衆であった鳳至郡本誓寺下の坊主分蕨野村良明・浄了と、別村の坊主分孫七郎らが門徒五郎右衛門の寺檀関係帰属につき紛議を起こし、和解に至り双方より請書が本誓寺に提出された。この請書のなかで「本誓寺様の御意を受け、金沢御末寺の御堂衆の仰せ付けによって和解がなった」と述べるので、東派金沢坊の御堂衆がこの門徒帰属相論を裁許したことがわかる。

東本願寺別立からまだ日が浅い一六一〇年、教団内で檀那帰属をめぐる争いが多発し、再興された東派金沢坊に詰める御堂衆がこれを裁許、相論が解決されたことは注目すべき事であった。藩による寺院支配の体制が整備される前、東派教団内部ですでに寺法の原理が自律的に機能し相論が解決されていた。案件が檀那帰属相論であったことも注目され、近世国家による寺請寺檀制が導入される前から、寺檀関係が能登や加賀で広汎な展開をみせ、これを背景に檀那帰属の紛議が起きていたのである。

藩による東本願寺公認は一六一九年(元和五)だったが、慶長期の加賀・能登では寺檀関係が広まり、真宗東派の組織も戦国以来の伝統を背景に体制整備が終わっていた。つまり真宗寺院についていえば、利常が藩主となった頃、近世寺院に支えられた教団機構がほぼ成立、寺檀関係も拡充されていた。一七世紀前半の前田領は、すでに「真宗王国」といってよい状況にあった。

金沢町人の講中と「掛け軸教団」

大桑斉は教如が別立した東派真宗教団は「坊舎なき寺」からスタートしたといい、「掛け軸教団」だったという。真宗寺院は戦国以来、一揆に結集した坊主分や講中に支えられるものであったから、寺という建物（信仰拠点）より門徒同士の紐が重要であった。親鸞《しんらん》の教えと内面の信心（弥陀一仏への帰依）が門徒中の連帯心を支えた。

信心の共同体が講中であるが、村単位の講はむしろ近世になって登場したといわれ、戦国期は郡単位、組単位という大規模な講中しか史料上に出てこないという（藤木久志『戦国史をみる目』）。村レベルの講中や町でいえば惣町でなく「丁」単位の講中は、近世になってから明確となったらしい。

東本願寺の「申物帳《もうしものちょう》」（大谷大学図書館蔵）とは、一三世宣如《せんにょ》時代以後に宗主から門末や寺・坊主に下付された御書《ごしょ》（信心の要諦などが書かれた宗主書状）・宝物などの記録である。これによれば元和〜延宝期（一六一五〜八一年）の加賀・能登の御書・五尊（阿弥陀如来木仏や親鸞画像などの宝物）下付の様相を知ることができる。表4は「申物帳」のうち金沢

表4　元和・寛永期金沢の講中

年　月　日	願　出・受　領　者
元和2年4月5日	加州金沢御講中・志衆中
元和3年4月25日	加州金沢石浦町野々市町　同侍衆廿八日講
元和3年8月29日	金沢廿八日講博労町
元和6年2月22日	加州金沢寺町十四日講
元和6年2月22日	加州石川・河北両郡金沢惣坊主衆中廿八日講中
元和6年4月28日	加州金沢森本町十四日講中
元和6年4月28日	加州金沢十三日講中尼入志衆中
元和6年7月27日	加州金沢五日講中・女房衆廿一日講中・廿八日講中
元和6年8月朔日	加州金沢町尼入志衆中
元和6年8月18日	加州金沢博労町志衆中
元和6年8月18日	加州アカタ広済寺惣門徒衆中
元和7年3月6日	加州金沢十三日講尼入志衆中　同割出村
元和8年3月28日	加州金沢女房衆三日講
元和8年4月25日	加州金沢卯辰町廿八日講中・木町十日講中
元和8年7月12日	加州金沢中町　寄惣中
元和9年4月28日	加州金沢十三日講尼入志衆中
元和9年5月28日	金沢惣中
元和9年8月25日	加州石川郡金沢尼入志衆中
寛永4年7月20日	加州金沢上宮寺門徒五日講中
寛永5年2月25日	加州金沢廿八日講中三日講
寛永5年3月4日	加州金沢博労町講中
寛永5年5月11日	加州金沢五日講
寛永6年8月18日	加州金沢五日講中・女房衆廿一日講中・廿八日講中
寛永8年8月19日	加州亀谷宝蔵寺廿八日講中
寛永11年閏7月11日	加州金沢廿八日講
寛永12年5月27日	加州金沢廿八日講中

（注）　北西弘編『真宗大谷派金沢別院史（史料編）』（北國出版社，1983年）掲載の「申物帳」による．

の講中宛の、御書下付一覧である。金沢城下町関係八一件のうち一六一五〜三九年（元和元〜寛永一六）に限定し、寺・僧侶名宛を除き金沢町人の講中宛を中心に例示してみた。

表4から利常政権下の金沢城下町人が多様な講中を作っていたことがわかる。東派寺院はその運営に深く関与し、また講中に結集する門徒に支えられ自坊の基盤を固め、金沢坊も支えた。さらにいえば、本寺である東本願寺から御書などを拝領することで講中に集まる人々は直参門徒という矜恃を持つことにもなった。真宗門徒は一般に個別の寺檀関係に搦めとられていたが、金沢坊に参詣し法話に接することで、直参門徒として本寺に直結することもできた。金沢坊とは金沢にある本寺（本山）、御坊であり、住職は東本願寺の宗主であった。金沢や北加賀の門徒は個別に寺檀関係を形成する一方、金沢坊に参詣し献金を行って、東本願寺宗主を「生き仏」として崇敬した。

表4に掲げた講中の名前を分類すると、①「加州金沢」のあと講中名がくるもの、②石浦町・野々市町・寺町・森下町・中町・博労町・卯辰町など金沢の町名のあとに講中を付すもの、③広済寺・上宮寺・宝蔵寺など寺名のあとに講中名が付くものがあった。①が最も多く「金沢惣中」「金沢惣坊主衆中廿八日講中」「金沢廿八日講中」「金沢女房衆廿一日講中」「金沢町尼入志衆中」「金沢女房衆三日講」「金沢五日講」など名称は多様である。「金沢惣中」を名乗る門徒衆は、個別寺院や町単位の講中に属するほか、これを超えた金

沢惣町レベルの講中にも加わったのであろう。

「金沢惣坊主衆中」と名乗る道場坊主の横断的講組織も存在した。女房衆や得度した尼入講中も惣町として結ばれ、女性門徒が多いことも注意したい。一六〇三年（慶長八）すでに「加州金沢・石川・河北　尼入志衆」宛に教如から懇志請取状が出ており、金沢の講中と教如の関係はしっかり形成されていた。

伝統寺社再興と寺請寺檀制の導入

前田家の寺社崇敬と外護

一六一五年（元和元）から一七年にかけ、芳春院《ほうしゅんいん》（初代利家正室）・玉泉院《ぎょくせんいん》（二代利長正室）・天徳院《てんとくいん》（三代利常正室）の三人は金沢城内にそろって居を構えた。玉泉院は高岡城から金沢城西ノ丸に居を移したが、のち金沢袋町の西派金沢坊跡に屋敷を求めたとも伝える。芳春院は城内二ノ丸の一角に屋敷を持ち芳春院丸という呼び名が残っている。天徳院の居所は本丸御殿であった。

この正室三人は卯辰山《うたつやま》観音院や愛宕明王院、また八坂《はっさか》の宝幢寺《ほうとうじ》など真言寺院に参詣し崇敬につとめた。現世利益を願う多くの庶民も、宗派を問わず参集し賑わった。庶民の宗旨は真宗が多かったが諸神・諸仏への崇敬の念も篤かった。真宗門徒にとって「弥陀一仏への信心」が篤信の証跡であったが、神祇不拝を主張する篤信者は、必ずしも多数ではなかった。利常は真宗以外の寺社再興に尽くし、こうした庶民の願いにこたえた。

正室天徳院はとくに卯辰山観音院に足しげく参詣し寄進も多い。子宝に恵まれ安産祈願や生育祈願を熱心に行ったが、観音院の本尊十一面観音像（長谷観音）は、城下町建設前、この地にあった石浦七ヵ村の鎮守の持仏であった。観音像の返却・移転をめぐり地元の石浦神社（慈光院）と観音院が争ったこともある。

近世金沢における、ただ一つの時宗寺院、浄善寺は玉泉院の尊崇を受けた。一六二三年に玉泉院が死去したあと利常の外護を受け寛永年間に玉泉寺と改め、正保年間の法事を機に寺町寺院群の一角に大きな寺屋敷も得た。玉泉寺の門前は「六斗のひろみ」と呼ばれ、飢饉になると門前で飢民に施粥《せじゅく》（粥の振舞い）がなされた。

利常が家督を継いだ一六〇五年（慶長一〇）から死去した一六五八年（万治元）までの五三年間、領内外の寺社造営・再興普請また寺領寄進の件数をあげれば枚挙に遑《いとま》なく、父利家や二代利長のそれを上回る。前田家の一四人の近世藩主のなかで最も寺社保護に尽くした藩主といってよい。利常が行った寺社造営・寄進のうち中世以来の伝統寺社再興の代表例を、曹洞宗を除き一一六・一一七ページの表5に掲げた。利家・利長は能登・越中また北加賀の領主になったとき在地の有力寺社を保護したが、利常はその先例を踏襲し安堵するだけでなく、積極的に寄進加増や普請・造営の拡充を行った。また新たに創建し外護を加えた寺社も相当な数にのぼった。

天徳院創建と前田家の菩提寺

一六二二年（元和八）七月、正室珠《たま》は二四歳の若さで逝去した。五女出産直後の不幸であった。利常は江戸在府中で、将軍秀忠も早すぎた娘の死を悼んだ。葬儀のあと珠の菩提を弔うため利常は、城下町東端に新しい禅院を建設した。この新設菩提寺は、珠の法号にちなみ天徳院といい約四万坪の寺域を持つ豪壮な寺で、金沢の文化遺産の一つである。

開山住職は岳父秀忠に人選を願い、安房国長安寺の巨山泉滴《こざんせんてき》が金沢に招来された。泉滴は突然の金沢移住に当惑し初め同意しなかったが、幕府年寄土井利勝《どいとしかつ》が泉滴を説得し一六二四年（寛永元）六月金沢に迎えた。七月に盛大な三回忌法要を執行し、翌年も大きな追善法要を行い徳川家との強い絆を家中と領民にアピールした。

真宗東西両派ほか前田領の各宗・各派の僧侶が競ってこの追善供養に集まった。のち利常は天徳院に寺領五〇〇石を寄進、寺屋敷四万坪とならび最も厚遇を受けた寺であった。珠の嫡男四代光高《みつたか》、嫡孫五代綱紀《つなのり》の葬儀は天徳院で行われ、領内最大の菩提寺として尊崇された。

藩祖利家はすでに越前府中時代から大透圭徐《だいとうけいじょ》という禅僧（曹洞宗）に帰依し、七尾ついで金沢に圭徐を迎え宝円寺を創設、前田家の菩提寺としていた。七尾の宝円寺はのち長齢寺と改め、金沢野田山の前田家墓所には墓守寺院として桃雲寺ができ芳春院の外護を受けた。いずれも前田家創設の曹洞宗寺院である。二代利長も富山隠居のあと宝円寺二代広山《こうざん》恕陽《じょよう》を富山に招き、高岡に移って法円寺となり、のち瑞龍寺と改めた。利常は明暦年間から、瑞龍寺の伽藍建造を新たに起こし、彼の死後寛文年間に完成した。前田家の遺した建

寺社領など	備　　考
200石	中世の能登一宮．利家・利長に続き利常も寄進・外護
86石余	利常，寺領34石寄進．母の結願により五重塔・本堂・祖師堂など建造
150石	利家に敵対し封鎖されたが，慶長以後許され，利常の命により波着寺空照らが再興
100石	慶長12年，利長が白山万句奉納．利常は慶長16年，社頭普請，社領33石３斗寄進
(田２町)	中世以来の白山本宮系の古社．利常の後援にて寛永16年，社殿造営
堂塔整備	天徳院が元和２年,現在地へ移転,観音堂など整備．翌年利常が山王社建立，神事能を許可
(田２町)	利家が寺地寄進．中世以来の伝統ある古社．利常は寺領安堵し追加，社殿を改修
100石	利常，寛永17年より荒廃した社頭を再興．三重塔はじめ本堂など整備．寺領も寄進
50石	利家の100俵寄進のあと利常，元和４年，50石寄進．寛永元年，利常，禁制を下付
20石	正保元年より利常，諸堂再興，寺領寄進．永代祈願所とする
30石	天正14年，利長寄進・制札下付，元和３年，利常寺領安堵．祈願所として崇敬
20石	利長が祈願所とし本堂再興，利常は元和４年，寺領寄進．安居観音堂として崇敬
200石	利常から寺領125石加増．利常の養女が入嫁

表５　利常が再興した主な伝統寺社

寺社名（所在地）	宗　派
気多社（能登羽咋郡）	
妙成寺（能登羽咋郡）	日蓮宗
石動山天平寺（能登鹿島郡）	真言宗
白山比咩神社（加賀石川郡）	（天台系）
大野湊神社（加賀石川郡）	
卯辰観音院･山王社(加賀金沢)	（真言系）
黒津舟神社（加賀河北郡）	
那谷寺（加賀能美郡）	天台宗
芦峅寺（越中新川郡）	天台宗
大岩不動日石寺(越中新川郡)	（真言系）
埴生八幡社（越中砺波郡）	
安居寺（越中砺波郡）	真言宗
勝興寺（越中射水郡）	真宗西派

造物で唯一国宝に指定された歴史遺産である。

このように天徳院創建以前、前田家の菩提寺は宝円寺と決まっていたが、利常時代になって桃雲寺・長齢寺・瑞龍寺などの曹洞宗寺院が菩提寺として創立された。天徳院はこれらを上回る壮大な寺院であり、利常の気遣いのほどがわかる。

一方、中世北陸では曹洞宗が弘通し、一向宗優勢のなかにあっても在地武士などにしっかり根付いていた。越前の永平寺二世瑩山紹瑾《けいざんじょうきん》は加賀野々市に大乗寺、能登羽咋に永光《ようこう》寺《じ》を開き、永光寺二世が能登鳳至郡に総持寺を開いた。総持寺は曹洞宗を全国に広めたことから、近世曹洞宗教団は能登総持寺をもう一つの本山とし教団を運営した。これを両山制という。

一六一五年七月、家康が永平寺・総持寺の双方に曹洞宗法度を下したことで両山制が始まり、利常も同年八月、一六一八年一〇月と二度にわたり「松平筑前守源朝臣利光」と自署し総持寺法度を下した。一六二九年に関東の僧録大中寺（永平寺派）と総持寺が覇権を争ったとき、利常は総持寺側に味方し幕閣へ働きかけも行った。

また加賀守護富樫家が外護した大乗寺は、近世初頭、金沢城下に移転し、やがて藩年寄本多家の菩提寺となった。このほか前田家の重臣・上士の七割は曹洞寺院を菩提寺とし、金沢の二つの寺院群に藩から拝領地を得て甍を並べた（木越隆三「金沢城と小立野寺院群」）。

利常は曹洞宗本山の総持寺はじめ室町時代からの古刹を保護する一方で、前田家の菩提寺宝円寺ほか新設の菩提寺も外護し巨大な伽藍整備に尽くした。宝円寺・天徳院・瑞龍寺は新設寺院であったが前田家菩提寺であったことから加賀・能登・越中の触頭となった。前田領の曹洞宗教団は前田家の権勢のなかに組み込まれたが、利常がその道筋をつけたとみてよい。

利常の実母千世（寿福院）は、利常が金沢城主となった一六〇五年（慶長一〇）から一四年まで金沢城の本丸御殿にいたが、利長死去によりその母芳春院（利家正室）は人質を解かれ江戸から金沢に戻った。代わって利常の母寿福院《じゅふくいん》が証人（人質）となったが、一六三一年（寛永八）江戸藩邸にて死去した。終生熱心な法華信者として池上本門寺や身延山にさまざまな寄進を行ったが、中納言に昇進した利常の勢威をかりた喜捨であった。

妙成寺・那谷寺と伝統寺社再興

寿福院の法華信仰は生家の上木家に由来し、越前時代からのものという。一六〇三年、すでに能登羽咋《はくい》郡の法華の名刹妙成寺を菩提寺と決め寄進を重ねた。現在の妙成寺は、五重塔・仁王門をはじめ一〇棟の重要文化財を擁する歴史的建造物の宝庫で、観光スポットとなっているが、その大半は慶長末期から万治年間、寿福院と利常の寄進と助力によって造営された。とくに注目されるのは本堂を中心に三光堂と祖師堂が一列に並んで南に面する伽藍配置である。日蓮宗独自の伽藍配置が創建時のまま今に残るのは妙成寺のみと評価されている。

妙成寺の開山は日蓮《にちれん》の孫弟子日像《にちぞう》で一二九四年（永仁二）の創建である。戦国期には羽咋法華の中心寺院として、畠山氏の城下町七尾の法華宗と並んで勢いがあった伝統ある寺である。戦国末期には衰退していたが、利常によって強力な外護が加えられた。妙成寺の

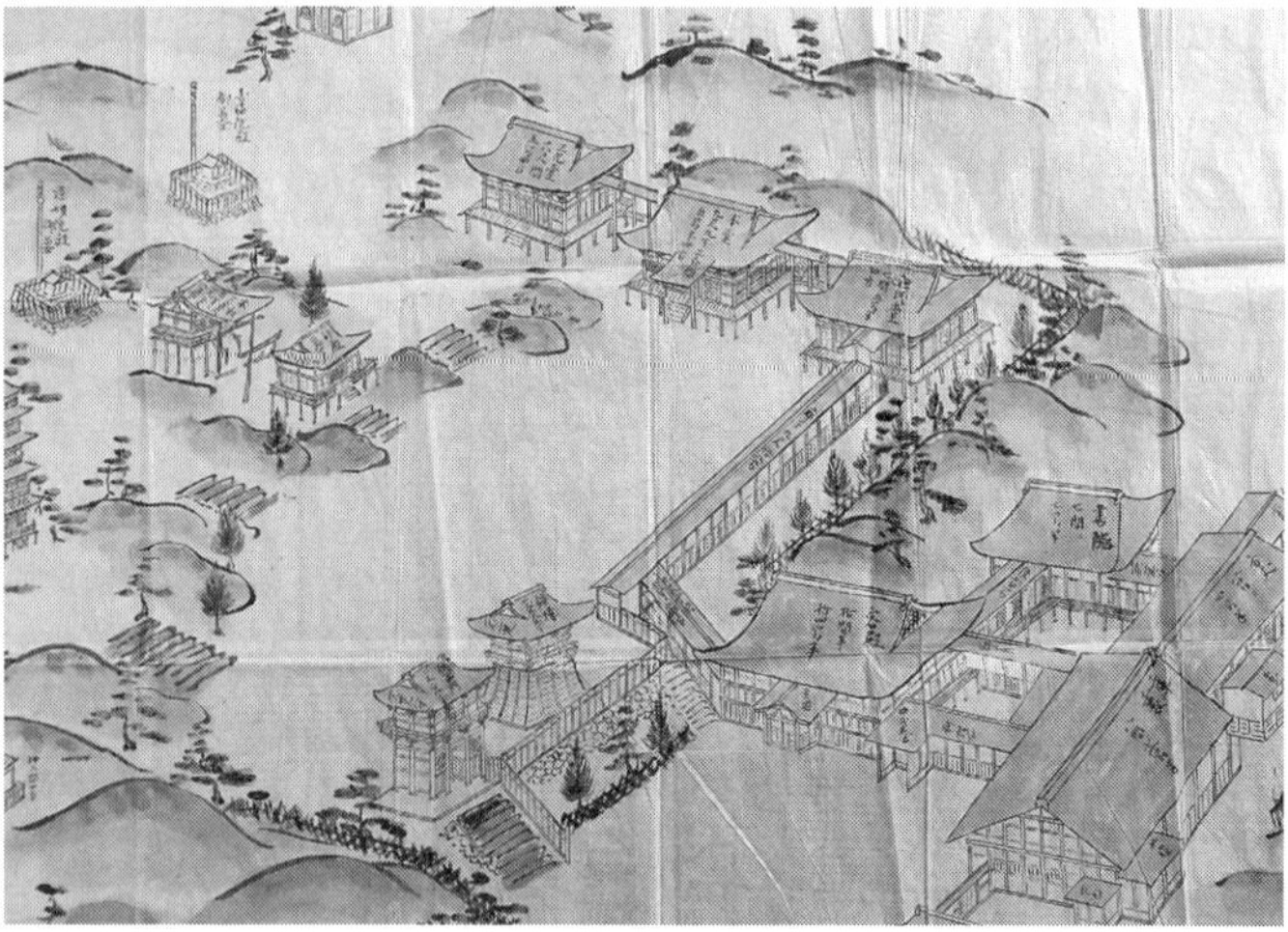

図13　妙成寺（「能州滝谷妙成寺惣絵図」より，石川県立図書館所蔵）

図14　那谷寺（小松市）

五重塔は「滝谷の五重塔」として口能登の人々の誇りとされ、能登一宮気多社《けたしゃ》と並んで崇敬を集めた。利常が再建と再興に尽くし、真宗信仰一辺倒の在地社会に配慮したことが窺われる。

利常は小松城に隠居したあと、江沼郡の真言寺院那谷寺《なたでら》の再興に尽くし三重塔ほか本堂・護摩堂を再建した。妙成寺の五重塔などとともに、利常が招致した越前の大工坂上嘉紹《さかがみよしつぐ》一党の作品で、彼らは加賀建仁寺《けんにんじ》流という大工スクール（流派）を主張し独自の木割書《きわりしょ》も残している。

表5に示したように、妙成寺・那谷寺だけでなく、加賀一宮白山本宮、能登一宮気多社、立山信仰の霊場など伝統寺社への外護が顕著である。藩士の要望も受け保護した伝統寺社もあった。伝統寺社の再興につとめる利常の姿勢から、「真宗王国」という北陸の宗教風土に一石を投じようとした意図も汲み取れる。前田領の真宗門徒は、これをおおむね寛容な態度で受け止めた。それが仏教の近世化、「仏教土着」の特徴の一面であった。

寛永七年のキリシタン処刑

『三壺聞書《みつぼききがき》』という初期前田家の逸話集のなかに、「寛永の初め頃、鈴木孫左衛門という江戸御城代が金沢に引越してきたが、重ねて行われたキリシタン御吟味のとき、鈴木孫左衛門は内心にて転ばざる者だとの訴人があり、金沢より江戸に召喚され御吟味を受け、越中魚津にて上下七人が処刑された」という風聞を載せる。断片的で曖昧な伝聞をつなぎ合わせた逸話ゆえ、真相は謎としかいえないが、これを裏付ける証拠史料がつぎつぎ出て、加賀藩最初の潜伏キリシタン弾圧事件を知らせた逸話であったことがわかってきた。

加賀藩士鈴木孫左衛門は「寛永四年侍帳」に一〇〇〇石取の鉄炮組藩士として掲載されるので、実在の人物であることは間違いない。レオン・パジェス『日本切支丹宗門史』は、一六三〇年（寛永七）八月五日の条に「ディエゴ・スズケ」ら一一人が北国にて斬首という事件を紹介していたので、キリシタン鈴木孫左衛門の処刑は寛永七年八月に起きたことも確認された。さらに事件の二年前、利常も動員された大坂城石垣の第三期公儀普請で、前田家の普請奉行という大役を利常から命じられた重臣であったことも最近わかった。利常にとって目をかけた普請巧者の家臣であっただけに、ショックは大きかった。

この孫左衛門の係累者は、同年八月以前に徹底した宗門改めの対象になったゆえ、孫左衛門知行所の給知百姓また鈴木家の武家奉公人などはキリシタンかどうか詮議された。

越中婦負郡《ねいぐん》八尾町は越中小原節の「風の盆」で知られる在郷町であるが、当時は利常領で、ここに真宗西派の聞名寺《もんみょうじ》という大坊があった。西派の触頭をつとめる伝統ある真宗寺院だが、その門徒である婦負郡岩屋村百姓善右衛門など八名は郡奉行《こおりぶぎょう》に直接、檀那寺が聞名寺であると一六三〇年七月誓詞を出し、誓詞差出人八名は間違いなく「我等の門徒」であると聞名寺が請け合い判を付した。略式ではあるが、これが加賀藩最初の寺請《てらうけ》証文《しょうもん》であった。

藩公認の寺が「我等の門徒」であると印判を押し宗旨を証明した証文を寺請証文といい、寺院のこうした権限を宗判権《しゅうはんけん》という。宗判権の行使は近世寺院の重要な公役とされ、近世仏教を堕落させた要因ともいわれる。

ところで、なぜ一六三〇年に聞名寺門徒たちが、こうした寺請が必要になったのかといえば、同年のキリシタン鈴木孫左衛門の詮議が、婦負郡の真宗門徒にまで及んだためである。孫左衛門の係累の者、すなわち鈴木家の年季奉公人または知行所が婦負郡にあったため、関係者の宗旨改めがなされたのである。魚津や金沢で処刑された孫左衛門係累のキリシタン一一人のうちに、聞名寺門徒がいたかどうか確認できないが、聞名寺門徒の井田村猪兵衛の嫁と倅にキリシタンの嫌疑がかかり入牢した事件が五年後に起きており、婦負郡の真宗門徒の世界に、潜伏キリシタンの嫌疑が及び大きな事件になったことは間違いない。

大半の真宗門徒にとって青天の霹靂といってよい事件であるが、一六三〇年から数年にわたり、婦負郡でキリシタン詮議の嵐が巻き起こったことは間違いない。

前田利長はかつて高山右近《たかやまうこん》・内藤如安《ないとうじょあん》など名だたるキリシタン武将を召し抱えたが、家康が禁教令を発した一六一三年（慶長一八）以後、これは負の遺産となり利常政権の重石となった。

前田家中に潜伏するキリシタン

一六三〇年（寛永七）に処刑されたキリシタン鈴木孫左衛門も右近と昵懇《じっこん》の藩士であったといい、右近という類まれなキリスト者が前田家に二六年間仕え、多くの良識ある人々に感化を与えたことは寛永期以後の前田家のキリシタン対応を困難なものにさせた。だがそれは、幕臣はじめ多くの西国大名の家中でも起きていたことであった。

寛永期の幕府・大名は、まず家族や家中のなかに潜伏するキリシタンの摘発と排除につとめた。領民のキリシタン穿鑿《せんさく》も行ったが、その前に家族と家中に潜むキリシタンを排除しないと示しがつかなかった。真宗門徒が大勢を占める前田領では、領民のキリシタン摘発はさほど難しいことでなく、家中とその家族のなかに潜伏するキリシタン摘発のほうが難題であった。一〇〇〇石取の普請奉行、孫左衛門の処刑はそれを象徴していた。

利常の家族のなかにも「転《ころ》びキリシタン」がいた。姉の豪《ごう》は利家の四女で、秀吉の養女となり宇喜多秀家《うきたひでいえ》の正室になった姫君だが、キリシタン女子として知られる。関ヶ原合戦で敗走した宇喜多秀家が男子二人を伴い八丈島に遠島《えんとう》となったあと、正室豪は娘を連れ金沢に戻り、城下の一隅にて一六三四年病没した。豪は「転びキリシタン」だが、「転び」

でもキリシタンの末裔は「キリシタン類族」とされ、末代に至るまで藩吏の人別管理下に置かれた。少なくとも庶民の場合、そのような差別的支配が血縁が途絶えるまで続いた。

豪姫（樹正院）の娘の一人振姫《ふりひめ》は、こうした幕藩権力の法規制から逃れるため、利常の内命を受けた重臣津田正忠《つだまさただ》の計らいで、城下町の有力真宗寺院善福寺に一〇〇石の化粧田を付け入嫁させた。利常の身内のキリシタン類族隠しであった。同じような事件は、右近と懇意にしていた年寄横山家でも起きた。

藩老横山長知《よこやまながちか》の嫡男大膳康玄《やすはる》は一六〇八年（慶長一三）右近娘ルチアと結婚したが、右近追放のとき離別、ルチアは右近とともに京都、長崎そしてフィリピンのマニラに追放され、右近はマニラで熱病により病死した。残された家族のうちルチアら三人は一六一六年日本に戻り、康玄と秘かに会ったと記す書簡がスペインのイエズス会トレド管区文書館に残っていた（木越邦子「マニラから加賀藩に戻った高山右近の家族」）。

この手紙は、かつて金沢に赴任したことのある司祭ジェロニモ・ロドリゲスが長崎からイエズス会宛に発したもので「パードレ・フェレイラは北の国々（加賀金沢）に行った。そこはかつて右近殿も共に滞在していた。われらの主は、彼をマニラで御許《みもと》に召し給うた。右近の妻・娘および孫の一人は日本に戻ってきて、秘密にしてはいるが、キリスト教徒である彼の婿（康玄）は彼らに会った」という記述があり、日付は一六一六年七月一八日付

（グレゴリオ暦）であった。康玄と会った右近の妻とルチアと右近の孫の三人は、その後どうなったかは謎だが、右近の知行所があった能登羽咋郡のある村に匿《かくま》われ明治維新を迎えたらしい。高山右近の子孫と伝承する家が残っている。

寺檀関係の広がりと宗門帳

本多《ほんだ》政重《まさしげ》と横山長知は連名で一六一六年（元和二）八月、幕府の禁教・鎖国令を受け「侍・凡下によらず」キリスト教信仰は禁止といい、前田領では庶民であろうとキリシタン宗旨の者は「曲事《くせごと》に処す」と命じた。簡潔な禁教令であり、その後の利常による緩慢な禁教策も勘案すると、「きっと成敗」つまり処刑するとまで言い切っていない点が気になる。身内や主立った家臣のなかにキリシタン類族や転びキリシタンが多数いたことが念頭にあったのであろう。

しかし、岳父秀忠の大御所政治末期になると、禁教策徹底が幕政の重要課題となり、九州・畿内で殉教事件が起こり前田領でも深刻な課題になってきた。一六三〇年（寛永七）のディエゴ鈴木処刑事件の頃から、利常の禁教政策は転換し始める。利常政権の中枢にあって潜伏キリシタン摘発の重責を担った年寄横山長知・康玄父子にとっても、このあと茨の道が続いた。利常にも胸中に苦々しさがあった。

秀忠は一六三二年正月に逝去、そのあと三代将軍家光《いえみつ》の親政が約二〇年続く。この間、江戸幕府の老中制度が職制として確立、一六四一年までに禁教・鎖国体制が近世国家の基本方針として固まった。前田領でもこれに対応し、領民・家中に対する禁教策と海岸防備などが厳格になった。とくに能登奥郡蔵入地では、家光親政初期の一六三三年頃より毎年、十村・村肝煎連名の誓詞が郡奉行に提出された。誓詞の文言は「十村組内の諸村にキリシタン宗旨の者は一人もいない」と記す定型文で、ルーチンな請書にみえる。

能登奥郡は真宗門徒が圧倒的多数を誇る地域だが曹洞宗や真言宗の寺院もあり、それぞれ寺檀関係を展開させていた。なかには「夫婦寺違い」の家があり、妻は真言宗、夫は真宗という一家に檀那寺が二つというケース（以下、半檀家と呼ぶ）もあった。村はこうした多様な宗旨や寺檀関係を踏まえつつ、村内各家にキリシタン宗旨の者はいないと十村に報告し、十村組はこれをもとに郡奉行に宗門改めの誓詞を提出した。

しかし、一六三七年一一月島原の乱が起き、翌年二月に鎮圧されたあと庶民に対する宗門改めは急に厳しくなった。利常は一六三八年から、十村単位に一枚の誓詞を取る宗門改め方式を改め、一村ごと宗門帳を作成させ、一軒ごとの家族数と宗旨別人数を記載し提出させた。これが前田領の宗門帳の始まりで、領民の家ごと一人一人の宗旨を点検し始めた。長崎や豊後臼杵《うすき》藩《はん》など潜伏キリシタンの多い地域で一六三五年頃始まった宗門帳が、北国の前田領でも採用された。諸藩のなかでは早い例である。

「夫婦寺違い」と宗門改め強化

宗門帳の作成と提出が始まると、村側に戸惑いや混乱が起きた。まず半檀家の家では、宗門帳にどう記帳するか、藩から詳細な指示がなかったからである。特定の宗旨なき者つまり下人や小百姓、頭振（無高民）のなかには、特定の檀那寺がなく、その場しのぎで葬祭を行う者も多く、彼らは届け出るべき宗旨や寺をどう申告するか困惑した。

半檀家の家でも寺檀関係が固定的でなく、一家一寺制（家族全員檀那寺は一つ）に移行中というケースもあった。それゆえ宗門帳が始まった最初の二、三年は、人別帳記載の村人口と比べ宗門帳記載人数や戸数が著しく少ないという現象が起きた。領民すべてが檀那寺を持つに至っておらず、また檀那寺との曖昧な関係の整理が十分でない場合、登載を見合わせたからである。急ぎ檀那寺を決めろ、混乱を正せといわれてもすぐに対応できない事情が在地には山積していた。

半檀家は能登奥郡の名舟組では戸数の約半数でみられ、高屋組では一割程度とばらつきはあったが、「夫婦寺違い」の家が能登奥郡を中心に広汎にみられた。

鳳至郡名舟《なふね》組の一六四三年（寛永二〇）の宗門帳には一六七軒、八五六人の村人が登載される。名舟組は一一ヵ村の村からなり、檀那寺は東派真宗一四ヵ寺と真言宗三ヵ寺に分かれる。真宗は合計七三八人、真言宗は合計一一八人であったから、名舟組の八六％が真宗門徒であった。こうした環境だからキリシタンなどいないはずだが、「転びキリシタン」大野久右衛門（利常時代は足軽）が珠洲郡正院村に移住しており、その子孫九人は「キリシタン類族」として寛文年間以後、村がかりで厳しい人別監視がなされていた。奉公人や下人として流入する人口のなかにキリシタン類族や潜伏キリシタンが紛れ込む余地は十分あった。

それゆえ利常は島原の乱後、幕府大目付井上政重《いのうえまさしげ》の硬軟両様を使い分けた巧妙な潜伏キリシタン焙《あぶ》り出し手法にうながされ、領内の宗門改めを見直し強化した。強化の焦点は、寺請証文の厳格化で、檀那寺が門徒の要望にこたえ、いい加減な寺請証文の発行を拒絶することにあった。宗判権の厳格な行使を寺に求めたのである。

宗判権と寺請寺檀制

一六四四年（寛永二一）、利常はすでに隠居していたが、島原の乱後精力的に潜伏キリシタン摘発につとめ、前田家中や家族内の潜伏キリシタン一掃をめざした。一方、領民に対して、宗門帳作成の厳格化を強く迫る法度《はっと》を同年、寺と村方の双方に出した。

利常によれば、寺請（宗判）を得るにあたり、門徒側から寺に頼み込み、代々の檀那でもないのに「代々の門徒ように申し上げ」、寺参詣、年忌の法事を怠り、布施も出さず、死人が出れば檀那寺に取り置いてもらったと偽りを申し述べるなど不正が横行、さらに寺と百姓中が結託し異なる檀那寺を書き上げたことが発覚したと聞き怒った。それゆえ寺請の厳正な執行を要求した。だが、これは村方からするとキリシタンを真宗門徒と偽ったものではない。宗門帳の記帳細則のブレや不備が原因で、自生的な寺檀関係の持つ曖昧さが大きな要因であった。

だが利常はこの法度で、宗門改めや宗門帳作成は将軍の恩顧に報いるものであり、これに違反した坊主や寺はたとえ「出世の僧」（教団公認の僧侶身分）であろうと厳罰に処すと言い切ったことが注目される。国法をもとに宗判権の厳格な実施を寺に迫ったもので、寺は在地事情に妥協した対応などできなくなった。寺院は国家支配の体制にもう一段深く組み込まれることになったのである。寺請を必須とする寺檀制度を以下、「寺請寺檀制」と呼んでいきたい。

従来、加賀藩の宗門改め政策の基調は、半檀家を否定し一家一寺制へ誘導するものであり、それは小農自立の一般化に対応し、結果として小農の家を単位とする一家一寺制が形成されたと論じた大桑斉説（大桑『寺檀の思想』）が不動の地位を占めてきたが、近年批判的な検討が始まっている。本書もその作業の一端を担う。

元禄以後の檀那争論に関して加賀藩の法令を検証した朴澤直秀によれば、藩法をみた限り、藩として領民に一家一寺を強制することはなかったという。檀那寺帰属をめぐる争論があったとき、夫婦は同一宗旨であるはずという前提または理念を過去の経緯に照らし説明しただけで、藩の方針を述べたものではなかった（朴澤『近世仏教の制度と情報』）。

半檀家の個別の複雑な事情に対応した細則は、すでに地域の関係寺院どうしで取り決めており、藩が関与する前から教団と在地が一体となって処理していた。初期の事例は鳳至郡触頭の本誓寺文書のなかでみることができる。大桑が紹介した慶安二年「旦那取決め覚書」（前掲『寺檀の思想』）は能登鳳至郡の真宗寺院一二ヵ寺が相互に檀那寺帰属の取り決めを交わしたもので、これも好例である。これらから「夫婦寺違い」の家が根強く存在していたことがわかる。自生的寺檀関係の多様性を読み取り背景を探ることが今後の課題である。

一家一寺制は藩も在地も、とくに求めたものではなかった。キリシタン改め、宗門帳というルーチンワークをこなすうえで都合がよいから、これにこたえた面がある。それは藩吏にとっても庶民の側も手間がかからず、曖昧な藩法を受け容れるとき摩擦を少なくするものであった。また、亡き親や先祖を供養したいという土着の感性に便乗し、寺や僧侶が葬儀や墓参を荘厳な「家」の儀式に仕立てていったため次第に広まった面もある。それゆえ一家一寺制は、あるべき仏教信仰を形式化させ堕落させる落とし穴になった。

仏教信仰における近代化（個人主義）は一家一寺でなく、「家」から解放され個人主義・多様性に向かっていくのが本筋であろう。しかし、日本の近代において一家一寺制と家単位の葬祭儀礼は形式的かもしれぬが、しっかり根付き戦後社会に継承された。そして、少子高齢化と核家族化が著しく進んだ今、一家一寺制は危機に瀕している。

利常の隠居と四代光高の治績

将軍家との蜜月と隠居

大御所秀忠の前田邸御成

前田《まえだ》利常《としつね》の岳父徳川秀忠《とくがわひでただ》は一六二三年（元和九）、嫡男家光《いえみつ》に将軍職を移譲、大納言家光は同年七月二七日、三代将軍に就任した。伏見城での将軍宣下式のため利常も上洛、八月六日の将軍家光参内にも随行したが、序列は徳川御三家の次であった（一五九ページ表7）。

家光が江戸に戻ると、秀忠からの政権移譲が進んだ。一六二四年（寛永元）一一月には家光が本丸に入り、秀忠は西ノ丸に移り隠居所としたが、一〇年に及ぶ大御所政治は西ノ丸で行われた。大御所の年寄衆は土井利勝《どいとしかつ》を筆頭に四人、また将軍家光の年寄衆も酒井忠世《さかいただよ》を筆頭にやはり四人置かれ、双方の年寄衆が連署し公儀としての幕府法度が布令された。一六二六年九月の後水尾天皇《ごみずのおてんのう》の二条城行幸の際も利常はじめ諸大名が上洛した。大御所秀忠は二条城にて待ち、将軍家光は天皇を迎えるため行列を率い御所に向かったが、この行列に三家はじめ利常ら国持大名も加わり役目を果たした。その折、水戸の徳川頼房《よりふさ》、仙台の伊達政宗《だてまさむね》、薩摩の島津家久《しまづいえひさ》とともに参議（宰相）から中納言に昇進した。

一六二九年四月、利常は参勤し、同月二三日、一五歳になった光高《みつたか》の元服儀礼のため江戸城に登城し、将軍と大御所に拝謁した。大御所秀忠の外孫にあたる光高は、少将兼筑前守の官職と将軍の諱《いみな》一字を拝領し利高《としたか》を「光高」と改めた。同時に利常は官名を肥前守に改め、それまでの諱「利光《としみつ》」は利常と改めた。また将軍家の前田邸御成《おなり》も告げられ、四月二六日に将軍家光、二九日に大御所秀忠と相次いで「式正の御成」があった。

この将軍家御成と光高元服の儀は前年から両家の間で周到に準備していたものであろう。将軍家からの下賜品、前田家からの献上品ともに莫大な金銀を蕩尽したもので、儀礼の場に並べた名物、古典籍には国宝『土佐日記』、重要文化財『枕草子』（ともに前田育徳会蔵）など燦然と輝くものばかりであったという。前田家一門ほか重臣一四人を筆頭に大勢の家中に祝いの膳が用意された。御成御殿の造作や関係者への飲食、将軍家への音信経費など合計すると数万両の費用がかかった。利常は前年から献上品を求め京・長崎に使いを送り、極上の鷹を得るため出羽・奥州にも人を遣わした。

利常は一六一七年、すでに将軍秀忠の御成を受けていた。数寄屋《すきや》での茶事が前面に出た式正御成として知られる。秀忠は歴代将軍のなかにあって最も多く式正御成を催したが、このとき秀忠独自の御成形式が明確になったという。隠居前に三三回、隠居後の一〇年、大御所として四九回御成を行った。徳川将軍の御成の形式を豪華にした人物であった（佐藤豊三「将軍家『御成』について（六）」）。

寛永「危機」説の見直し

秀忠は茶事にいたく執心しており、大御所主宰の山里茶会が西ノ丸で数知れず挙行された。その常連のなかに小堀遠州《こぼりえんしゅう》があり、利常・光高父子も遠州と親密な交際を行った。とくに光高は深く私淑し、茶の作法につき問答した記録「小堀遠州物語之留」（金沢市立玉川図書館蔵）が残る。学問好きの光高は民政への態度や領主としての在り方も学んだようにみえる。その遠州の依頼を受け彼の親族を何人か利常は召し抱えた。改作法《かいさくほう》で活躍した伊藤内膳《いとうないぜん》という農政に精通した奉行もその一人で、遠州の姉の嫡男であった。

参勤した大名は大御所の山里茶会に招かれることを誇りとし慶んでいた。利常もしばしば招かれ、鷹野の獲物などもたびたび拝領した。利常の三人の男子、光高・利次《としつぐ》・利治《としはる》は、一六二六年（寛永三）頃より江戸屋敷に常住し、やがて西ノ丸の大御所の御殿に出仕した。元服前なので行儀見習であったろうが、三人とも利発で秀忠の外孫ゆえ何かと厚遇を受けた。母天徳院《てんとくいん》が死去したあとだったが、利常は大御所の信任篤い国持大名《くにもちだいみょう》として面目をほどこした。

一六二九年四月の光高元服と将軍家の前田邸御成は、将軍家との蜜月を象徴する出来事として知られる。しかし、金沢城下で起きた大火により金沢城の大半が炎上した一六三一年、前田家存亡の危機とされる重大事件が起きたという俗説が、今も加賀藩通史の定説として流布する。しかし、金沢大火の翌年に始まる家光親政でも、光高ら三兄弟と利常は将軍家から引き続き厚遇を受けた。光高と水戸家息女との婚姻などは、その象徴であり関係は盤石であった。御家存亡の「危機」は、本当に起きたのか。

「寛永の危機」と呼ばれる一六三一年の「御家存亡の危機」説は、戦前の『石川県史』に書かれ今も支持されるが、典拠は『三壺聞書《みつぼききがき》』など利常関係の逸話集や聞書類をもとに再構成されたもので、戦後の歴史学はこの俗説を無批判に踏襲してきた。今あらためて「江戸幕府日記」『細川家史料』などで、一六三一年四月の金沢大火から翌年正月二四日の大御所死去までの将軍家と前田家の交流を検証すると、危機とされる事態、つまり俗説が語る「幕閣から前田家に謀反の嫌疑がかかり、家老横山大膳康玄《よこやまだいぜんやすはる》が江戸城に召喚されたが、巧みに弁明し事なきを得た」というような事件は起きていない。むしろ将軍家と前田家の良好な関係を妬む噂が、江戸市中や在府大名の間に飛び交っていたことがわかる。根拠の薄い逸話集を典拠にした「寛永危機」説から脱却すべきである。もう訣別してよかろう。

利常・光高父子は同年一一月二五日、大御所秀忠の病状悪化の報せを受け金沢をたち一二月一〇日に江戸に参府したことは事実であるが、前田家に不穏の動きありとする嫌疑やその弁明のため出府したわけではない。秀忠の病気見舞い、これが唯一の目的であった。その頃、帰国予定の在府大名は足留めされ、在国大名や細川三斎《ほそかわさんさい》など隠居大名まで病気見舞いに参府した。同年暮は「江戸中日本のあつまり」（細川忠利書状）と評され、集まった大名たちの間で、また江戸市中ではさまざまな噂や雑説が飛び交っていたが、細川忠利《ただとし》は取るに足りないことばかりで、国元に連絡する必要もない戯れ言ばかりと断言する。前田家の嫌疑も噂から出たものであった（木越隆三「寛永八年の加賀前田家と将軍家」）。

家光親政と光高の重用

一六三一年（寛永八）の江戸の噂で注目すべきは、光高と土井利勝娘の婚約咄である。同年前半は駿河大納言忠長《ただなが》（家光弟）の凶状が江戸の噂の第一で、辻斬りや側近斬殺などその暴虐ぶりが流言となり、これを押さえるため家光と本丸・西ノ丸の年寄衆は奔走した。心痛のために秀忠の病状も七月半ばに悪化、三家や利常父子、伊達・上杉・丹羽などの大名は密かに八月初め予定外の江戸参府を行った。しかし参府御見舞いは厳禁という幕閣の厳しい対応で、大半の大名は江戸に入れず、密かに在府した利常や井伊直孝《いいなおたか》など皆帰国させられた（木越隆三「寛永八年の加賀前田家と将軍家」）。

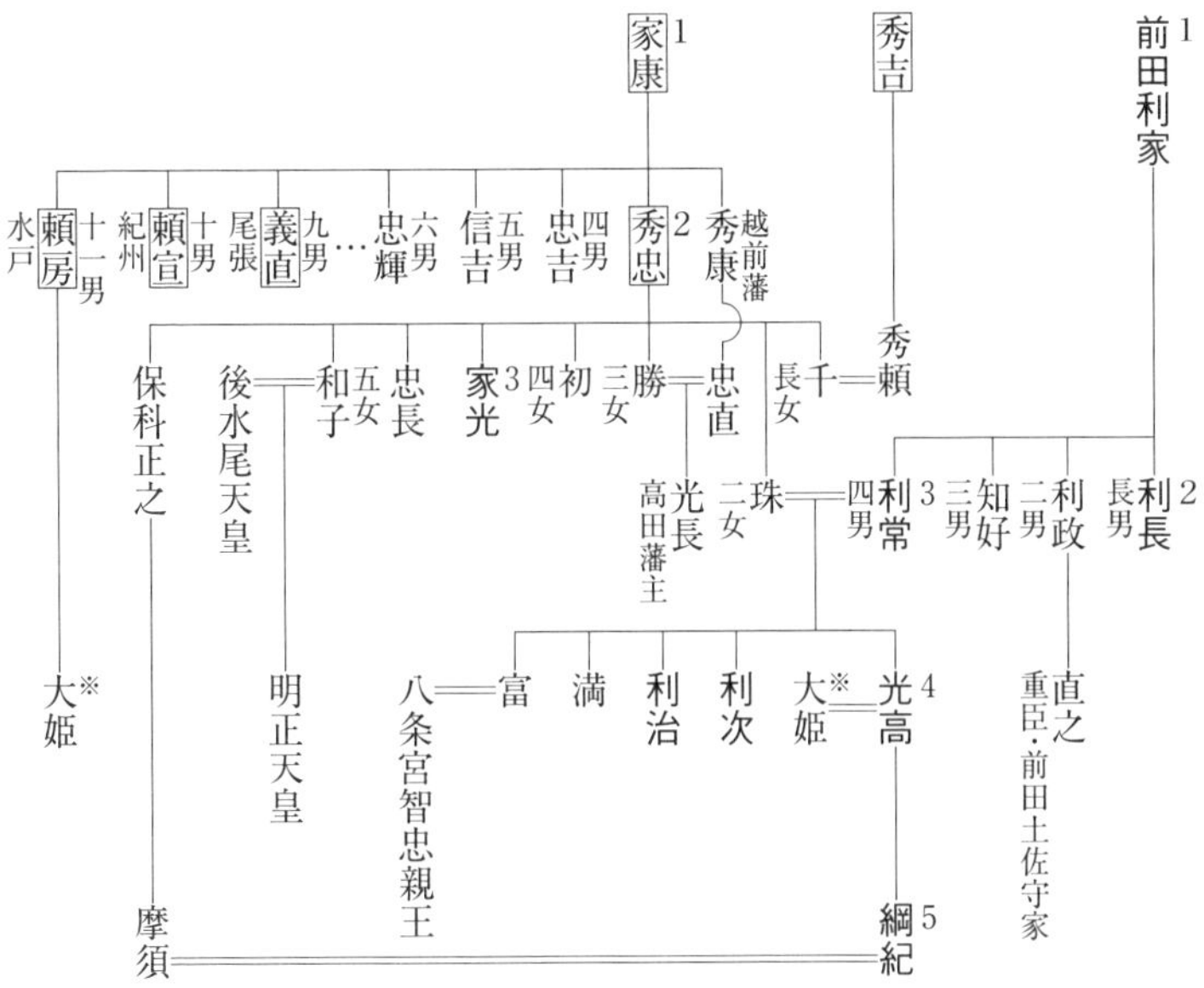

図15　前田家・徳川家の相関係図

その頃光高と利勝娘の婚約延期という噂が広がり、「江戸中上下ともに、この結婚、合点まいらず」というのが江戸市中の評価であった。土井利勝は当時第一の「出頭人」とされ、幕閣随一の実力者であった。その娘と一番大名の利常嫡男が結ばれるのは勝ち組どうしの結婚で庶民は支持しなかった。この噂はどこまでが事実か不明だが、実現していない。

その二年前、光高元服直後に秀忠の長女千姫《せんひめ》と光高の結婚噺が取り沙汰された。しかし、千姫は光高の実母珠《たま》の姉で三〇歳、当時一五歳の甥と伯母の縁談は、さすが千姫自身同意せず、利常の母寿福院《じゅふくいん》も忌避し成らなかった。秀忠周辺で、姫路城から江戸に戻った千姫のことを案じての縁談かと推測されるが、立ち消えになった。

こうした江戸の噂話から、かえって前田家と将軍家の盤石の関係が窺える。幕府から嫌疑を受け御家存亡の危機に陥ったという噂話など真に受ける必要はなく、誤断であった。家光親政初期の主だった国持大名家の様相をみると、どの家でも問題が多発していた。細川忠利の得た情報によれば、老いぼれた伊達政宗は毎晩酒と踊りに浮かれ、隠居を勧める諫言もなされず醜態をさらしていた。筑前の黒田忠之《くろだただゆき》は老臣栗山大膳《くりやまたいぜん》と対立しいわゆる「黒田騒動」が始まっていた。肥後の加藤忠廣《かとうただひろ》も家政が混乱し改易必至とみられていた。

池田家でも混乱が続き忠雄《ただお》家では家中対立、弟政綱《まさつな》・輝澄《てるずみ》の所行は「常軌を逸する」と評され、のち不祥事を起こし改易された。同年忠雄が死去し嫡男光仲《みつなか》と光政《みつまさ》の領知交換もこの年なされた。池田家の家政混乱を収めるための処置であった。

有力大名家の家政混迷を尻目に、前田家は将軍家との蜜月を深めたが、その功績の第一は嫡男光高の聡明さにあった。一六三二年から家光親政が始まったが、光高はその当初から江戸城殿中儀礼への出座を求められ、利常が隠居した一六三九年一一月まで八年にわたり在府し殿中御用をつとめた（一四三ページ表6）。この間の光高は大名世嗣であったが、江戸常府大名として知られる水戸家の頼房に匹敵する長期の江戸詰めであった。

光高は一六二六年（寛永三）利常が中納言となったとき一一歳だったが、一六二九年の元服までの三年間、西ノ丸で祖父秀忠のもとに出仕していた可能性がある。というのは光高元服のあと一六三二年正月二四日の秀忠逝去まで、光高の弟二人（利次・利治）が、元服前ながら大御所の西ノ丸御殿で行われた年頭礼・節句儀式だけでなく在府大名の月次登城の際も、三家に次ぐ序列で御目見の場に出ていたからである。光高も元服前の数年そのような行儀見習いの場に出ていたとみられる。

家光養女、光高に入輿

一六三〇年四月、利常は元服を終えた光高とともに国元に戻り、一六三一年の元旦は久しぶりに金沢城本丸御殿で年頭儀式に臨んだ。家臣たちにとって利常と光高が揃って金沢城で年頭礼に出るのは、久しくなかったことで感慨深く出座したのではないか。

父子揃って年頭礼を行った金沢城本丸御殿は同年四月の火災で焼失、そのあと二ノ丸に新御殿が建設された。それ以後、二ノ丸御殿が政庁また藩主御殿となったが、新藩主として光高が金沢に戻った一六三九年、在府が続いたので初めてこの二ノ丸御殿に入った。

光高は既述のとおり一六三一年一一月に出府、一二月五日から江戸屋敷に詰め、秀忠の病気見舞いのため江戸城に何度も登城した。秀忠死去のあと家光親政が始動すると、将軍から月次登城・節句儀礼など殿中儀礼の出座を求められ、以後一六四五年（正保二）の光高急死までの一四年、三家と松平光長《まつだいらみつなが》・光高は黒書院にて月次拝賀（将軍と御目見）を行った。そのあと将軍は白書院に移り諸大名から月次拝賀を受けた。黒書院での拝賀は、諸大名拝賀の前に別室で行われ、光高の座列はつねに三家に次ぎ「家門」筆頭光長の次と決まっていた。

家光が頻繁にでかけた日光社参にも随行した。三家のなかでは水戸頼房の在府期間が長く殿中儀礼の出座回数は最も多いが、光長・光高の出座数はこれに匹敵するものであった（表6）。殿中儀礼での光高の待遇は、どうみても「家門」扱いで、こうした公務に専念し、家光の期待にこたえた（木越隆三「前田光高の江戸城殿中儀礼出座」）。

家光は親政最初の一六三二年、水戸頼房の息女大姫《おおひめ》を養女とし江戸城大奥に引き取り、同年一二月光高と結婚するよう利常に伝えた。翌年一二月、七歳の大姫は将軍の娘として江戸城本丸から大手門前の前田家辰口邸（光高屋敷）に輿入れした。御輿渡役は筆頭年寄酒井忠世、御貝桶は酒井忠勝《ただかつ》がつとめ松平信綱《まつだいらのぶつな》・青山幸成《あおやまよしなり》・板倉重昌《いたくらしげまさ》・柳生宗矩《やぎゅうむねのり》・井上《いのうえ》政重《まさしげ》など錚々たる幕閣が随行した。御輿は利常、貝桶は弟前田利治が受け取った。前田家では盛大に祝い、黄金や刀剣など御礼の品々を将軍家はじめ関係者に送った。前田家と将軍家の蜜月はこの大姫入輿で頂点に達した。

一六四二年、家光は光高と光長の二人が交互に毎年六月参勤交替せよと命じた。利常隠居時に決めた利常と光高が交互に参勤交代する原則をあえて変更し、将軍じきじきに指示

表6　江戸城月次拝賀の将軍と光長・光高の出座数

年　次	将軍出座	光長出座	光高出座	将軍欠座
寛永9年 （2～5月欠）	18	18	18	0
寛永10年	19	18	17	6
寛永11年 （9～12月欠）	8	2	8	0
寛永12年	20	18	19	0
寛永13年	19	17	17	1
寛永14年 （正～6月欠）	0	0	0	17
寛永15年	5	3	3	20
寛永16年	7	2	2	24
寛永17年	12	9	7	12
寛永18年	10	9	7	12
寛永19年 （正～3月欠）	11	1	7	12
正保元年	13	4	10	10
正保2年 （10～12月欠）	13	3	3	16
正保3年	14	10	—	12
正保4年	13	8	—	10
慶安元年 （4～5月,10～12月欠）	5	2	—	8
慶安2年	15	9	—	8
慶安3年 （正～3月欠）	3	2	—	25

（出典）　姫路酒井家本「江戸幕府日記」，『徳川実紀』による．

（注）　寛永20年は「江戸幕府日記」欠失につき省いた．また欠失月は年次下に注記し集計から除く．正保2年の光高出座は4月朔日まで．また「将軍欠座」欄は，三家や諸大名は登城したが老臣拝謁のみで退去した回数，『徳川実紀』で確認できた数も加える．

したが、光高・光長二人の重用ぶりを窺うことができる。

望まない隠居

将軍家との蜜月が続くなか一六三九年（寛永一六）六月、以前より願い出ていた利常の隠居が将軍から許された。「台徳院様以来、連々訴訟」申し上げていたことだが、最近加えて病者となり養生に専念したいと上申していたので、隠居の理由は病気療養であった。五〇歳前で、まだ若いゆえ隠居は指し延ばしたいところ、養生の妨げになるなら、これまた気がかりと家光は述べ、隠居をあっさり認めた。もっと強く慰留する選択肢もあったように思われるが家光は意外に早く認めた。光高はすでに二五歳、江戸城中で盤石の信頼と人脈を築きつつあった。幕政の流れをみても一六三九年は、隠居容認に絶好のタイミングだった。

家光親政は一六三四年の家光単独の上洛、三五年の武家諸法度改定の頃から家光専制という様相が濃くなる。秀忠時代からの古参年寄である酒井忠世・土井利勝・酒井忠勝らに代わり、松平信綱・稲葉《いなば》正勝《まさかつ》・堀田《ほった》正盛《まさもり》・阿部《あべ》忠秋《ただあき》など小姓として側にあった若手が年寄となり台頭した。老中・六人衆（若年寄）・三奉行（寺社・町・勘定）など幕閣の職務分担が明確となり、将軍自らすべて直轄し総裁した。

しかし一六三七・三八年の家光は極度の体調不良に襲われ、表向きの儀式は軒並み欠座し老臣らに任せた（表6）。三八年末から徐々に復調するが、これと平行し諸職直轄制を改めた。また土井利勝・酒井忠勝を年寄（老中）職から外し大老とし、若返りした老中（信綱・正盛・忠秋）に権限を集中させた。こうして江戸幕府老中制が確立したが、その直後家光は利常の隠居を認めたのである。

利常は隠居時点で四七歳、利勝は利常より二〇歳、忠勝は一〇歳ほど年上なので、彼らと同列に邪魔者扱いしたわけではないが、隠居願いは即座に許された。家光が光高とともに寵愛した光長は徳川一門（家門）筆頭の大名であり、幼くして高田藩主となってもう一六年、高田への初入国は五年前なのに、同い年の光高は二五歳になったがまだ藩主の座に就いていない。こうした不均衡を家光なりに斟酌した可能性を考えてもよい。

家光より一〇歳ほど年長の利常の異才は幕府内で周知されており、かつ伯母天徳院の婿殿であり疎略にできない「一番大名」であった。表の座は光高に明け渡し後衛に回ってもらうによきとき、延ばすことはないと家光は判断したのであろう。

こうして利常は光高に藩主の座を譲ったが、同時に弟二人に分知を行い二つの支藩を設け、さらに支藩より大きい隠居領も設置した。つまり二男利次に富山藩一〇万石、三男利治に大聖寺藩《だいしょうじはん》七万石を分け、さらに利常自身、二二万石の隠居知を割き取った。その結果、光高が相続した本藩領は八〇万石に縮小された。これが「前田領四分割」である。

弟二人への分知は一六三二～三六年までの四年間、光高と三人揃って江戸城殿中儀礼に出座、家光も大御所秀忠も三兄弟揃って重用したことが背景にあった。家光は弟二人への分知に賛同し、分知高については幕閣と利常側で折衝し前述の分藩高が決まった。利常にとっても確たる支藩分家を創設することは、本家の安泰につながるので、双方納得の支藩創設であった。また弟思いの光高の望みでもあった。

利常隠居はこのように、よく計算し願い出たものであった。他大名からは羨むばかりの代替わりといってよいが、内心藩主の座に未練はあった。本心をいえば「望まぬ隠居」であった。

前田領四分割と一五〇万石の前田領

将軍親政の三年目、家光は一六三四年（寛永一一）六月から八月、自身三度目の上洛を行い、秀忠没後の天下人は家光であることを誇示した。総勢三一万人の武者行列で世人を圧倒し七月一一日に入京、軍事指揮権を掌握した徳川将軍の雄姿を全国に示したほか、銀五〇〇〇貫匁を京中の民家に配り、大坂・堺・奈良では地子銭を免除し善政の始まりをアピールした。さらに上洛中、京極忠高《きょうごくただたか》・酒井忠勝などの領知替を行い、閏七月一六日、随行した五万石以上と城持の大名七〇人に領知宛行状（一〇万石以上は判物、未満は朱印状）をいっせいに下付した。

ただし、この領知宛行状下付は、上洛中急遽決めたもので、同月一一日に大名家の家老などを呼び出し先例・現状など確認のうえ、最新の領知高を把握したのち数日後に発給するというあわただしいものであった。それゆえ後日詳細な知行目録の提出を求められた。この領知宛行状一斉下付は、一六四六年（正保三）の国郡別の全国的な村高調査（正保郷帳）、また一六六四年（寛文四）に行った大名（万石以上）全員宛の領知宛行状一斉発給（寛文印知）につながるもので、徳川将軍が日本全土の土地領有者であり知行地宛行権を保持することを実証する行為であった（藤井讓治『徳川将軍家領知宛行制の研究』）。

利常は一六一四年（慶長一九）九月、家康《いえやす》・秀忠から三ヵ国領知安堵の知行宛行状を得ていたが、領知高の記載はなく知行目録や郷村高辻帳なども添付されていない。一六三四年の家光の領知宛行の判物で初めて一一九万二七五〇石という知行高が記された。この一一九万石の根拠は一六〇五年利長から幕府に提出した「慶長一〇年御前帳」の石高であり、国別の内訳をいうと、加賀四郡は四四万石、能登四郡は約二一万石、越中四郡は五三万石であった。これは諸大名中、最大の領知高であった。

一六三九年の利常隠居にあたり、家光の領知判物で公認された前田家の領知高一一九万石は既述のとおり四分割されたが、利常死後、隠居領二二万石は前田本藩（綱紀）領と合体され一〇二万石となった。一六六四年の寛文印知で、この領知高があらためて公認された。大政奉還、幕府崩壊まで、この一〇二万石が前田家の公式の領知高（表高）であった。

一般に「加賀百万石」といわれるが、利常が家督を継いでから隠居するまでの三四年間

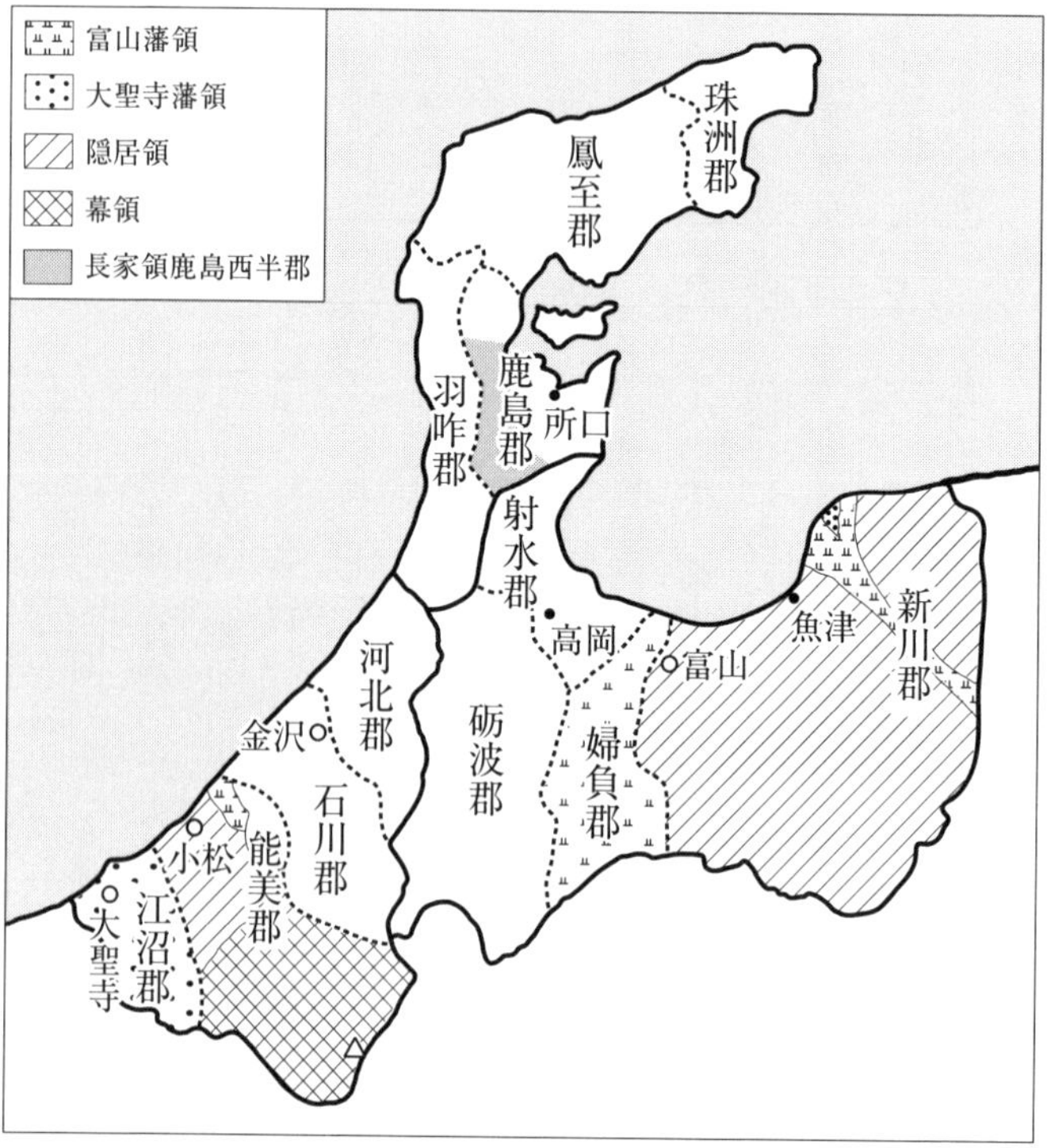

図16　利常隠居領配置図

（注）　拙著『加賀藩改作法の地域的展開』（桂書房，2019年）
冒頭図版および表6－1をもとに作成.

利常隠居領能美郡・新川郡の分領高内訳（1646年郷帳高による）

郡　名	利常隠居領	利次（富山）領	利治（大聖寺）領	綱紀領
能美郡	7万2215石	2万2398石	1161石	1万9470石
新川郡	16万5587石	1万7596石	4323石	0
その他	1148石 （江沼郡）	7万2542石 （婦負郡）	6万4550石 （江沼郡）	78万石余 （領内8郡）
合　計	23万8950石	11万2536石	7万0034石	80万5286石

は一一九万石で、隠居後は四つに分かれた。また四つに分かれた旧前田領三ヵ国一二郡の一一九万石全体の実高（内高）を、改作法直後でみると一五〇万石に達する（二〇二ページ表12）。前田本藩領・隠居領に限定すると一三〇万石だが、二つの支藩分も加えると一五〇万石となる。

一方、利常が小松城に隠居していた約二〇年間、前田本藩（光高）領に限定していえば、一〇〇万石に満たない八〇万石であった。この頃の大名はみな領知高を実態以上に大きくみせたがったが、あえて「前田領四分割」を断行し、前田本藩の知行高を減らしたのは、出過ぎた大名という見方を意識し抑制したものかもしれない。一六三一年の江戸市中の流言や噂を紹介したが、こうした世評を憚《はばか》った対応ということもできる。

辣腕の隠居と光高の治績

新知行割と給人平均免拡充

利常は隠居大名となり第一線から一歩ひいたが、家中統合や地方知行《じかたちぎょう》の改革、財政問題など領内に課題は山積していた。隠居はしたが、これらに取り組む意欲は十分あり光高領ばかりか二つの支藩にもあれこれ口出しした。なかでも光高領に対する介入は顕著であった。光高は藩主となっても、在府期間が長びき国元に戻れなかったから、これを受け入れた。

藩主となった光高が始めて帰国したのは一六三九年（寛永一六）一一月だが、翌年三月には参勤した。短い在国中に将軍家から見舞いや祝いが届き応対に気を遣った。江戸に戻って三年後の一六四三年六月、正室大姫（清泰院）懐妊中に帰国したが、出産近しの報せがあった一〇月急ぎ江戸に戻った。江戸に帰ると嫡男綱紀誕生を祝う家光の使者への対応に忙殺されている。その後は帰国なく一六四五年（正保二）四月三一歳で急死した。

光高の場合、まるで江戸が本拠で国元は出先という状態であったから、光高の家臣たちの心は、自然と小松城の隠居利常に向かい、家臣の多くは小松城の年頭礼に出た。

隠居利常の仕事ぶりも隠居領に限定するという意識は薄く、隠居した先代利長がそうであったように旧前田領一一九万石全体に目を配った。鉱山や能登の専売塩の収入など藩財政の核心部は利常が掌握、本年貢・小物成銀《こものなりぎん》・諸役のみ支藩と光高の財政官僚に委ねた。

家臣の処遇・人事も光高は万事父に相談、同意を求めて進めた。金沢帰国にあたり多額の借金を父に申し入れることもあった。財政の裁量権は利常が握っていたのである。

利常は隠居を機に一三〇〇人を超える前田家中（平士以上）を光高・利常・二支藩に分けたので、金沢在住の前田家中は小松・富山・大聖寺に分かれ移住した。これに伴い移住家臣の知行目録（知行配置）の変更が必要になった。四分割した各領分と知行所を一致させるため、他領にある知行地を割り替える知行割が一六四〇・四一年に断行された。これを「新知行出《しんちぎょうだし》」と呼んでいるが、この「新知行出」分に限定し、隠居利常の強権のもと給人平均免《きゅうにんへいきんめん》が隠居領・光高領で断行された。積年の課題、給人平均免拡充がようやくできた。新川郡《にいかわぐん》以外で、地方知行改革の切り札というべき給人平均免が、「新知行出」知限定という条件付きであったが、やっと実施できた。

なお加賀藩研究では改作法以前の給人平均免は「加賀知三つ三歩、能登・越中知三つ八歩」であったが、改作法の結果「加賀知三つ六歩、能登・越中知四つ一歩」に一率三％アップしたという理解が定説となっていた、しかし、上記の隠居直後の「新知行出」で給人平均免が拡充された結果、光高領の給人平均免は「加賀知三つ三歩、能登・越中知三つ六歩五厘」、利常隠居領は「能美郡三つ五歩・新川郡三つ八歩」となったことがようやく判明した（木越隆三「地方知行形骸論と給人平均免の史料学」）。このあと改作法で給人平均免全面実施へと進む。

隠居の横槍と光高の苦悩

光高の隠居利常への依存は、人材登用の面で顕著であった。一例をあげよう。藩主就任五年後の一六四四年（正保元）四月付光高書状に「中納言殿より公事場奉行として長瀬五郎右衛門を加えるべき旨、仰せ出られたので、その通り執行せよ」とある。光高は江戸では今枝直恒《いまえだなおつね》という家老を側に置き国元への命令伝達を担当させたが、国元の政務は、利常時代からの老臣、本多・横山両老に託し、これに横山康玄・奥村易英《おくむらやすひで》・奥村栄政《ながまさ》・前田貞里《まえださださと》・神谷式部《かみやしきぶ》などの中堅年寄衆が加わり執行された。右掲の光高書状は本多・横山両老宛で、中納言殿つまり隠居利常が公事場奉行という要職の人事まで差配し、光高はこれを素直に受け止め国元の年寄衆に指示したことがわかる。

藩主在職五年たっても隠居依存が続き、家臣団の藩主光高への求心力は低いまま推移したといわざるを得ない。年寄衆や家中の藩主への心服が十分でないとするなら、これは光高政権の前途にとって憂うべき問題で、光高は内心苦悩していた。

一六四一年（寛永一八）八月二十四日付書状で光高は尊敬する老臣本多政重《ほんだまさしげ》に、人事に主導権を発揮できず家中の「心服」が弱い状況をどう打開するか、複雑な心境をつぎのように語る。「我々の身になり大心なる者を一人にても召し使いたい」と記し、政重のような大きな度量を持つ家臣を持ちたいという。側に仕える今枝直恒は度量が小さいと愚痴もこぼす。そのうえで政重に今度隠居から下された家臣のなかから「少々よろしき者がいたなら、その名を承りたい」といって、返事をせかせた。

さらに「自分は今まで恥ずかしいことながら、心を許せる家臣をもったことがない。たとえば、自分に意見具申がなされても、内容はせわしく細かなる事ばかりで、誠の志は別の所にあるのに（論点がズレている）と、おかしく思うのみでございます」と述べ、「誠の志」が汲み取れる側臣がいないことを嘆く。

また父利常について、「江戸では公儀の御奉公が連日のごとく重なっているゆえ、その精励に加え、親への孝行に励むべきと思っている。身をすり減らして父上に気遣いし、心を練る毎日である。これまで万事、父上に対し遠慮すべきと考え反発などしてこなかったが、父上は我々の心を御ためしなされているのではないかと思う節もあるので、今後は態度を明確にしたい」と述べる。

さらに「江戸詰めの家来たちは、やっと自分の下知・法度に従う様子をみせるようになった。今このときをとらえ、頭抜けた指導力を発揮しなければ、自分の（藩主としての）威勢は失墜したままで終わる。それでは家来たちが自分の下知・法度を聞くことはあるまい。今が藩主として自立できるかどうか問われるときだ」と述べ、この機を逃せば今後の家中統制に禍根を残すと覚悟のほどを政重に伝える（木越隆三「前田利常隠居と藩主光高の公儀御用」）。

覚悟を述べる言葉の端々に家中統制に不安を抱いていることが透けてみえる。父利常に万事につき遠慮していることに忸怩たる思いを持っていたことも間違いない。

年寄衆の補強、将軍も後押し

隠居の越権ともいえる介入と干渉が藩政全般にわたり、光高は依存しすぎたと悩んでいた。そのうえ一六四三年（寛永二〇）は頼りにしていた横山長知《ながちか》・横山康玄《やすはる》父子が病に臥し、本多政重も体調不良で養生に専念、神谷式部は同年六月、奥村易英が同年十二月に死去した。この年光高政権は年寄の人材不足が一気に表面化した。

そこで同年末から翌年春にかけ、光高は小松年寄衆のなかから新たな人材を得ようと父利常に強く申し入れた。その結果津田玄蕃《つだげんば》（正忠）・葛巻隼人《かつらまきはやと》（昌俊）・神尾主殿助《かみおとのものすけ》（直次）の三人を光高の年寄衆として小松から招聘できた。それは父に対する光高の明確な自己主張がもたらした成果であり、大名としての自立を賭けた交渉でもあった。

一六四三年一〇月は、正室大姫が嫡男綱紀を無事出産し、将軍や幕閣から御祝いが届きお祝い騒ぎの最中であったが、補佐する年寄・家老の人材難に直面し利常に頼み込み、津田・葛巻らの移籍を父に求めた。ところが、利常は何かと理由をつけ言葉を濁し、聞き入れなかった。そこで光高は親交のある小堀遠州や、大老としてなお信任篤い酒井忠勝らに相談し、将軍の耳に入れた。家光は遠州や忠勝からこの話を聞き、二つ返事で機嫌よく了承した。利常は説得にやってきた忠勝に、将軍の御意向が添えられれば受け容れるといい、忠勝はこの件は将軍の御意をすでに得ていると答え即座に納得した。遠州は、忠勝が多忙ゆえ代わって、将軍がめでたく了解されたことを光高に伝えた。

この老臣移籍問題は、利常一流の策略であった。家老の移籍など利常さえ納得すれば済む案件であったが、そこに将軍家光を介入させることで、光高付年寄の格を上げようとしたのである。利常は信頼を寄せてきた津田正忠《まさただ》に、数千人の家臣のなかから選ばれた将軍指名の家老だと言いふくめ、いっそう忠誠を尽くせといって金沢城に送り出した。

光高は葛巻昌俊《まさとし》と神尾直次《なおつぐ》に、将軍の了解があって自分の年寄役に迎えることになったと伝え、その証拠として遠州からの書状を添付し小松の両名に伝達した。父子揃って、将軍の権威をかり、家老層の掌握につとめたことがわかる。

こうした手紙のやり取りから、大老酒井忠勝・茶堂小堀遠州・利常・光高がそれぞれの立場で前田家の年寄登用につき連絡・調整を行い、家光の上意を得た点が注目され、当時の根回し政治の実態を知ることができる。光高はこうした根回しネットワークにしっかり入りこんでいた（木越隆三「前田利常隠居と藩主光高の公儀御用」）。

と同時に、主君の真意を汲み取り親身に滅私奉公する家老人材、多種多様な人材が寄せ集まった巨大家中をまとめられる器量人を得ることの難しさも窺える。利常が登用した年寄衆は全体に高齢化し、病気養生の者も多く世代交代が不可欠であった。

光高の飢民への視線

藩主となった光高が直面した課題は大きくみて二つあった。一つは寛永末の飢饉が引き金となって幕政が民政重視に転換したことである。もう一つは潜伏キリシタンの徹底摘発である。いずれも家光政権が一六三九年（寛永一六）以後、意識的に取り組んだ重要施策であり、一六四三年にかけ光高が江戸から国元に発した書状から、こうした課題に取り組んだことがわかる。

家光じきじきに寛永飢饉の対策として幕領・大名領で飢民や乞食を出さぬよう厳命したので、「百姓成り立ち」と民政重視が政治スローガンとなった。しかし、それが効果的な飢饉対策になったかどうかは疑問が残る。教科書にも載る田畠永代売買禁止令が出たのもこの時期のことだが、困窮百姓が土地を売却するのを厳禁したからといって、即座に飢饉や困窮から救うことにつながらない。城下や都市に大量に流入する乞食や飢民に食料や医療を与えて命を救うことが、飢饉初期の対応であるべきだが、前田領でこうした対応はまだ確認されていない。幕領でもみられず、飢饉発生の原因除去となる倹約令や領主の苛斂《かれん》誅求《ちゅうきゅう》禁止、あるいは耕作民の経営支援（種貸し・作食助成など）が、この時期の飢饉対策の主流であった。

家光は飢饉の原因は給人領主・幕臣らの不当な百姓支配にあるとみており、前田領でも給人領主に苛斂誅求を止めさせ、給人による救済が行き届かない所では藩公儀として手当てする、これが寛永末飢饉の主要な対策であった。隔靴《かっか》掻痒《そうよう》の感が強い。

また家光は、幕臣や大名家臣が苛斂誅求に走る原因は年々儀礼や付き合いが華美となっていく武家社会の濫費、無駄遣いの風潮にあるともみており、まずは自身の周辺、幕閣や幕臣の奢侈や贅沢を厳しく咎めた。

光高の妹富姫《ふうひめ》は、寛永末飢饉が明確になった一六四二年、家光と東福門院《とうふくもんいん》和子《かずこ》（家光妹、後水尾天皇中宮）の介添えにより桂離宮で知られる八条宮智忠親王《としただしんのう》に入輿した。その嫁入り準備に光高も奔走したが、幕府からできるだけ質素にと指示された。新御殿建設も費用

（表７続き）

1636年	寛永13	12月，家光，江戸城内の紅葉山東照社参詣供奉の御用を光長・光高など21名を指名し励行す
1637年	寛永14	夏頃から家光の体調不良続く．11月，九州で島原・天草キリシタン一揆起きる
1638年	寛永15	２月，島原・天草キリシタン一揆が鎮圧される．11月，幕府老中の職務再編（老中制確立）
1639年	寛永16	６月，家光，利常の隠居を許す．光高が家督相続，二男利次・三男利治の支藩分知も認める
1640年	寛永17	４月，光高，将軍の日光社参に供奉，祭礼にも参列．11月，家光，光高の願を入れ金沢城に東照権現の勧請を許す
1641年	寛永18	８月，家光に嫡男（家綱）誕生．８月24日，光高，国元の本多政重に人材登用や人材推挙などにつき指南を頼む
1642年	寛永19	４月，光高，家光の日光社参に供奉．５～６月，家光，諸国飢饉につき諸大名に帰国命じ飢民救済を令す．９月，光高の妹富姫，八条宮智忠親王のもとに入輿
1643年	寛永20	６月，光高，将軍より暇を受け帰国．９月，金沢城内に東照社が落成. 10月，正室大姫が出産，綱紀誕生．光高は国元より江戸に戻る
1644年	正保元	２月，将軍家光，光高の願いを受け利常の重臣津田正忠ら三人を光高付年寄衆とすることを公認す．５月，光高重臣津田ら参府登城し将軍に御礼
1645年	正保２	４月５日，光高，江戸辰口邸に酒井忠勝ら幕閣を招いた宴席にて急死．６月，幕府，嫡男綱紀（３歳）に家督と光高領相続を許す．祖父利常に後見を命ず

表7　利常・光高父子と将軍家の交わり

西　暦	和　暦	利常・光高と将軍家の交わり
1617年	元和3	5月，将軍秀忠，江戸の前田邸に御成（茶事を主とした式正御成）
1622年	元和8	7月，利常正室天徳院，病死（24歳）．8月，宝円寺にて葬儀．翌年利常城下東端に菩提寺，天徳院を造営
1623年	元和9	7月，家光，三代将軍となる．利常，将軍宣下のため上洛，家光の参内に随行．秀忠は大御所となり，翌年江戸城本丸から西ノ丸に移る
1626年	寛永3	7月，後水尾天皇の二条城行幸につき，利常も上洛，8月，参議から中納言に昇進
1629年	寛永6	4月23日，光高，江戸城西ノ丸にて元服の御礼．光高と改名，筑前守兼少将となる．続いて同月26日，将軍家光，29日，大御所秀忠が前田邸に式正御成
1631年	寛永8	正月，利常・光高父子，揃って金沢城本丸御殿にて年頭の拝礼を受ける．3月，利常母寿福院，江戸で死去．4月，金沢城下の大火により金沢城焼失．12月10日，利常・光高父子，大御所秀忠の御不例を聞き急ぎ参府
1632年	寛永9	正月24日，大御所秀忠が死去，三代将軍家光の親政始まる．6月，光高，将軍家光の月次拝賀に出座．座列は三家の次，松平光長のあと黒書院に出座．在国時を除き正保2年まで出座続く．12月，家光，利常に養女大姫（水戸頼房息女）と光高の結婚を申し渡す
1633年	寛永10	12月，将軍養女大姫，前田光高の辰口邸に輿入れ
1634年	寛永11	6～8月，将軍家光，上洛．利常，光高も随行する．9月，家光，無事上洛の報告のため日光社参
1635年	寛永12	6月，家光，武家諸法度を改定，参勤交代を明文化．8～11月の月次拝賀，三家欠座につき光長と光高兄弟のみ黒書院に出座

の切り詰めが求められた。現在の桂離宮の造作は前田家の財力によったといわれるが、それが可能になったのは光高・家光の死後で、利常死後の寛文初頭（一六六一〜六三年）ようやく現在の庭景につながるものが再興された。

家光の倹約姿勢は、父秀忠と異なり祖父家康への敬慕につながる意識といえる。絢爛豪華な御成は家光の嫌うところで家光時代、式正御成はほとんどなく簡素な「常の御成」が主であった。これは光高の思いと共通し、光高の飢民への思いは次の書状からうかがえる。

当年は天徳院殿廿三年忌だが、近年うち続く飢饉で庶民は困窮、乞食・非人多く候間、今度の法事は軽く執り行うよう申し付ける。どんな弔いよりましではないか。乞食・非人どもに施行を行うこと、もっともに候（下略）

国元の家老たちに宛てた手紙の一節だが、母天徳院の二三回忌に言及するので一六四四年（正保元年六月一二日付）の書状（「歴代御書写」加越能文庫蔵）である。ここ数年飢饉続きゆえ母の法要は簡素にし、むしろ飢民への施行に多くの米を出せ、詳細は同年小松城から移籍した年寄衆、津田正忠と葛巻昌俊と相談し実施せよと指示している。将軍の御意を汲み、贅沢を慎み飢民対策に熱意を持つ藩主であったことがわかる。しかし、国元で陣頭に立ち采配をふるう機会を逸した。

潜伏キリシタンの摘発

もう一つの課題、潜伏キリシタン摘発は、一六三九年（寛永一六）七月家光が発した「がれうた渡海禁止」つまりポルトガル人来航禁止に伴う鎖国・海禁の推進、また禁教徹底策の延長上にくるもので、大御所秀忠の禁教策を受け継いだものである。しかし、家光は一六三七・三八年に島原の乱というキリシタン一揆を経験し、幕府軍が一時窮地に追い込まれる経験をした。それゆえキリシタン牢人と「立ち帰りキリシタン」への脅威を知り、父以上に激しく潜伏キリシタンの摘発・排除、「転宗」強要に突き進んだ。そこで登場したのが、信仰者の内面に立ち入った宗旨点検であった。まず宗門帳による宗門改め強化から始まり、徐々に全国の仏教寺院に宗判《しゅうはん》権《けん》を付与し、その厳格実施を求めてゆくことになる。

光高は藩主となった一六三九年から四五年、幕府禁教令や海岸防備令の写をいち早く国元に知らせた。在府が続く光高にはそれが藩主の「つとめ」と考えたのであろう。島原の乱での幕府軍苦戦という情報は全国に広まり、武士集団全体の危機意識を強めたので、徳川公儀への結束の必要が自覚された。その力学は、家光によるキリシタン摘発徹底化の追い風となって、寺請寺檀制の拡充と受容は全国に波及した。利常が隠居したのは、武士階級全体の危機意識が強まった島原の乱終結の翌年であった。

その頃、能登奥郡で宗門帳作成が始まり、一六四四年（正保元）に寺による宗判権執行の厳正化が要求されたことは前章「一揆の国での国づくり」でみた。家光はこの頃、宣教師の完全排除、列島上に住む住民全体のキリスト教信仰禁止を画策した。従来の武士身分中心の禁教政策は転換しようとしていた。その結果、キリシタンではないことを証明する寺請寺檀制が全国に徐々に広まった。村請・町請だけでなくさまざまな職能団体、また武家・公家を問わず一人一人、宗教や宗旨を検閲する禁教政策へと宗教統制が進んでいったが、それには仏教教団と寺院の忠誠と協力が不可欠であり、僧侶身分は宗判権を持つ身分として、近世国家から新たな使命を与えられた。

幕府公認の教団や寺院が宗判権を持ち、寺請寺檀制は国家制度となってゆくなか、前田領でもこれにもとづく宗門帳作成が進展、一六四八年（慶安元）一一月、利常は寺社奉行を設置し、年寄衆に任せてきた禁教と宗門改め業務は寺社奉行に担当させた。宗判権の厳正実施には、寺社の確実な把握と管理が必要となってきたのである。本山や教団任せを改め、藩も近世的な政教分離を堅持しつつ、寺社管理を以後系統的に実施することになった。寺領や寺屋敷を拝領した寺社の数も増大していたので、それらの管理も必須となっていた。

寛永末から正保年間、全国で潜伏キリシタンの摘発が展開した。前田領では、この時期七〇名ほどの潜伏キリシタンが摘発された。だが、とくに多いわけでなく、幕臣でも大名家臣でも多くの潜伏キリシタンが発覚した。幕府大目付井上政重らが先頭に立って、自白を誘導し潜伏キリシタンの焙り出しが執拗に行われたためで、前田家でも高山右近《たかやまうこん》の旧臣で年寄横山長知の家来になった者などが、江戸の自白者によってみつかっている。

利常は、こうした潜伏キリシタン摘発を手際よく進めたとして、むしろ家光は高く評価している。利常としては、冷や汗をかきながら進めていた家臣団のなかのキリシタン穿鑿《せんさく》であったから、内心複雑な心境であった。光高の執り成しのためであろうか。

文人大名光高の早世

若き前田家当主光高は、当時国持大名トップとして幕府の期待は大きかった。朱子学を松永昌三《まつながしょうぞう》（尺五、藤原惺窩の門弟）に学び、政道は学問なくして正しく行われないと考え、人の上に立つ大将の徳性や家臣の職分などを深く考察していた。家光の嘱望を受けた文人大名で、君主の在り方を書物を通し深く考え始めた大名の最初といってよい。

『自論記』は一六四一年（寛永一八）、光高が執筆した君主論である。政道を論ずるが、本格的な漢文体の著作であり学識が窺える。識語に「寛永一四年三月三日、たまたま『大学』のなかの明徳を明らかにするという一句を聴講し、恍然として得るものがあった」と執筆動機を語る。尊敬する重臣本多政重から『太平記評判理尽鈔』を進められ、太平記読みの君主論・仁政論にも傾倒した。『論語』『中庸』などの聴講ノートも残す（若尾政希『「太平記読み」の時代』）。

この漢学の素養を生かし医書を読み幕府医官武田道安《たけだどうあん》らと親しくしていたことが五月二一日付光高書状からわかる。この書状は国元にいた本多・横山両老、横山康玄・奥村易英など五人宛で、内容から一六四二・四三年頃と推測される。「当年、江戸では疫病が大流行し死者が多数出ている。前田領も同様だと聞いているが、この疫病に従来の風邪薬を処方していては治しにくい。脚気のような症状があると聞くので、諸医師どもはその心算をして治療せよ。食傷などと判断しむざと茶など与え横死するものが多いというが医者どもの落ち度である。前もって諸病疝気之法に従い処方せよ」と述べ、家中の諸組頭・物頭中、諸奉行人にこの点をしっかり周知させよと指示する。

この書状の添状に、幕府医官武田道安から伝授された「疫病の生薬」の成分や処方などを記す。医学知識に精通していたことがわかる。領内政務に、これほど踏み込んで指示した書状は珍しいので、注目される。

一六四五年（正保二）四月五日、文人大名光高は突然胸痛に襲われ意識を失い斃れた。その日彼の江戸屋敷（辰口邸）で行われた酒井忠勝を正客とし多くの幕閣も招かれた宴の席での急死であった。死因は不明だが、若年の頃より病気がちで殿中御用を欠座することはしばしばあり、頑健とはいえないタイプである。しかし、病弱でもなく、家光の嘱望を受け、長く側づとめに励んだ。我儘な父利常にも孝養を尽くし、心身を擦り減らした挙句の突然死であろう。余りの急死ゆえ、江戸では幕閣の誰ぞが毒を盛ったという噂も流れた。

こうした噂が出るほど将軍の光高への寵愛と期待は深かった。

年寄衆の世代交代

光高死後の六月、幕府は三歳の嫡男綱紀（犬千代）に光高の跡職相続を認めると決めた。この上意は酒井忠勝と松平信綱が上使となり利常の江戸本郷邸にて伝達された。将軍家の利常に対する配慮がわかる。三歳の幼君が継職するとなれば、さまざまな注文が付く案件である。家光は利常に、「老後の病者」に辛労をかけるが、幼君を「見立て申すべき旨」を伝えた。利常は、この上意を有難いことと受け止め、後見役を引き受けた。

こうして利常の隠居政治は新段階に入る。それまでは光高という文人大名を表に立てての隠居政治であったが、このあとは、綱紀領・隠居領合わせた一〇二万石で隠居前と同様存分にリーダーシップを発揮する。その采配は専制的でもあり、老害といえなくもない。

これと前後し、それまで利常政治を支えてきた年寄衆がつぎつぎ病死した。まず、奥村易英が一六四三年（寛永二〇）、横山康玄は一六四五年に病死した。つづいて一六四六年（正保三）正月に横山長知、翌年六月本多政重と相次いで斃れた。我儘が目立ってきた利常を諫めるべき老臣がつぎつぎ去り、隠居の政務を補佐する年寄衆は慶安期にかけ刷新された。年寄衆の代替わりである。

表８　慶安期の加賀藩年寄六人衆

名前（石高）	履　　歴
津田正忠（1万1000石）	のち改作法の推進に尽力した．1660年（万治３）没，62歳
葛巻昌俊（4000石）	利常隠居前にいったん退老したが，隠居後小松城・富山城にて隠居領支配にあたる．子孫も藩主側近として活躍．1651年（慶安４）没，77歳
横山忠次（2万7000石）	康玄の嫡男．父・祖父長知死後，家督つぐ．1679年（延宝７）没，55歳
奥村栄政（1万3000石）	前田家の古参家老奥村本家の３代目．祖父は伊予守家福，父は河内守栄明．1652年（承応元）没，63歳
前田貞里（7000石）	利常の弟利貞の嫡男．利貞は財政破綻を理由に致仕．貞里も利常の厳しい家中統制と財政引締めに抵抗し1651年（慶安４），籠居事件起こし知行返上，閉門．1657年（明暦３）没，41歳
長　連頼（3万3000石）	連龍の嫡孫．長家領鹿島半郡で独自に地方知行を継続するが，前田家の年寄衆に抜擢，改作法に触発され自領にて改革行う．1671年（寛文11）没，68歳

一六四七年一一月頃より年寄連署状に名を連ねた新しい年寄衆は津田正忠・葛巻昌俊・横山忠次《ただつぐ》・奥村栄政・前田貞里・長連頼《ちょうつらより》の六人である。改作法直前まで彼らが利常の手足となって前田領一〇二万石の統治に最善を尽くした。彼らを「六人衆」と呼びたい。

六人衆の経歴は表8のとおりだが、津田正忠・葛巻昌俊は、光高が将軍の威光をかり小松から招聘した将軍公認の家老であった。連頼は長連龍《つらたつ》という在地武士（旧能登守護畠山氏の重臣）の嫡孫である。祖父連龍は早く織田信長《おだのぶなが》に味方し利家の能登入部前、信長から朱印状をもらい能登口郡で三万一〇〇〇石を得た。この栄えある領知は「長家領鹿島半郡」と呼ばれ、長家が一円的に独立支配を行った。前田家歴代は連龍が前田家に臣属したあとも、その功労と歴史に免じ特権を認め続けた。利常は長家領鹿島半郡での改作法実施は除外した。

改作法の構想と「太平記評判」

改作法の施策の概要や来由を解説した旧記が多数全国に流布するが、その一つ『御国御改作之起本《おくにごかいさくのきほん》并 楠《くすのき》 理尽鈔《りじんしょう》』（宝暦四年写）は、改作法の着想は「太平記読み」から得たと述べ、中国古代の井田法《せいでんほう》に拠ったものと主張する。江戸時代中期にはかなり広く出回り、明治以後の改作法研究でも注目された著作だが、戦後は若林喜三郎がこれに注目した。しかし『太平記評判理尽鈔』との関連は利常死後、強引に付会したものと一蹴した。

ところがその後、若尾政希は改作法の政策内容は「太平記読み」によって広められた政治思想に近似するので関連は十分あると論じた（若尾前掲書）。若尾が注目したのは、利常の老臣、本多政重が『理尽鈔』の所論に傾倒し、光高にこれを勧め、光高が相当影響された点である。若尾は『陽広公偉訓』という著作を取り上げ、これが真に光高の著作かどうか丁寧に検証、『理尽鈔』の記述と詳細に対照し強い関連があると指摘した。こうして光高は「太平記読み」の所論に影響を受け、『陽広公偉訓』や『自論記』を著わしたと論じられ、改作法との関連が再び注目されることになった。

たしかに利常は光高を通し、政重の説く『理尽鈔』の説明を機嫌よく聞いたことは間違いない。しかし、どの点に感銘したかなど、なお不明な点も多い。天道にかなった徳治、仁政の必要については、当時の幕閣や諸大名の間にかなり普及していた認識であり、寛永〜寛文期の大名層の通俗的な領主倫理の一つであった。それが改作法の個別政策にどう反映されたのか、さらに検証を深めることが課題である。

この段階の将軍はじめ幕藩領主の多くが抱き始めた「仁政」意識の反映として、家光政権が寛永末飢饉時に発した一連の民政重視の法度《はっと》がある。利常の改作法構想も「土民仕置条々」などの幕令、これを生み出した幕閣周辺の政治意識が影響した面もあろう。多面的に背景を考えることが肝要である。

光高は学問を通し、飢民を出さない仁政について認識を深めていたが、これを現実政治の場で実践する機会はなかった。仁政や民政の在り方について、利常と光高の認識は異なっていたが、光高が積極的に利常に献策することはなかった。光高の学職や仁政論が利常の政策にただちに影響したと評価するのは難しい。しかし、利常は光高死後、彼の著作『陽広公偉訓』『自論記』を読み、何を感じたのか。

利常の個々の政策をみると、「仁政」という道徳を前面に出すことはなく、徳をもって治めるタイプではなかった。改作法を決断したとき、光高の存在や彼の学職は念頭にあっただろうが、政策そのものは光高の学識とは異なる。しかし、光高急死のあと、その著述にふれて、利常の心に何か感ずる所もあったのではないか。

改作法構想の一端を利常は本多・横山両老に語ったが、二人は「欲の深いことをお考えで」といい居眠りを決め込んだという逸話が残る。一六四六年（正保三）以前ことである。

改作法の断行

「御開作」仰せ付け

藩政の祖法

前田利常《まえだとしつね》政治の最大の功績は改作法《かいさくほう》である。加賀藩通史で必ずふれられる事件だが、一言でまとめられない多様な面を持つので、基本政策を箇条書きにするなど苦労して説明される。要するに領民に何をもたらしたかといえば、収奪強化つまり重税搾取の体制を築いたもの、あるいは藩政確立をもたらした改革と指摘する書物が多い。

近世大名など近世の領主は、領民から年貢など封建地代を最大限奪いつくすというのが法則的な行動原理であるから、改作法はこれを達成した改革である。これを実現した利常は「名君」と呼ばれるかもしれないが、本質は近世幕藩領主の典型で、最大限の年貢搾取を追究し実現した大名、というのが戦後歴史学における基本的な見方であった。

本書では利常の改作法に含まれる多様性に注目する。多様性のうち収奪強化つまり増税政策は従来多くの研究でふれるので、あえて百姓経営助成策に注目する。戦前からの社会経済学者松好貞夫は、百姓助成策が改作法の特徴だと見抜き、この視点から加賀藩政を鳥瞰したが、この姿勢を深化させたい。

また本書では、改作法は藩政を確立させた画期や政治改革だとみていない。藩政確立は利常の隠居前に達成されており、これを前提に前田領四分割があったと考えているからだ。この分割された前田領のうち前田本藩領（綱紀領八〇万石）と利常隠居領（一二万石）で改作法が断行されたので、隠居大名による近世的支配の充実・強化と祖法（模範）を示す試みという意味を込め、最初の「藩政改革」だったと評価したい。

一方、「改作法」という法令はいつ発令されたかと問われることもあるが、改作法は、ある一つの法令を指すものではない。一六五一年（慶安四）から一六五七年（明暦三）に実施された利常の改革政治全体の呼び名である。江戸後期に「改作御法」などと尊称したことが言葉の起源である。明治末期以後に広まり戦後は「改作法」「改作仕法」という名称で、通史や論著で多用された。しかし、「改作」という用語は、本来「開作」とするのが正しく、耕作すること、農耕という意味であった。「公儀」を自称する利常が進めた農業振興と助成・救済策だから「御開作」と呼ばれたのである。それゆえ以下では、利常の改作法の救済策に限って、あえて「御開作」と呼ぶことにするが、一般的な意味で語るときは従来の改作法という用語を使う。この点、あとでもう一度整理する。

戦後の加賀藩研究を牽引した若林喜三郎の名著『加賀藩農政史の研究』は、藩政史を「農政史」とうたい、藩祖利家《としいえ》から一四代慶寧《よしやす》までの藩政を農村経済・藩財政を基軸に克明に論じた。若林が「農政史」と標榜したのは利常の改作法が、その後の藩政に与えた影響を考えてのことであった。

家光の死去と改作法断行

若林喜三郎は、この名著のなかで改作法が藩政の基本フレームになったのは五代綱紀《つなのり》の時代だといい、一六九三年（元禄六）発令の「切高仕《きりたかし》法《ほう》」によって改作法の趣旨が藩社会に徹底され「改作体制」が完成したと論じた。その結果、綱紀時代の農政も改作法の一部と理解されることとなり、改作法とは綱紀時代に法的、制度的に整備された加賀藩の祖法（藩政の根本をなす政治方針）と理解された。これも要因となって、利常の「御開作」そのものを探求する動機がうすれ、両者区別せず議論される風潮が一般化し現在に至る。

しかし、改作法は利常が精魂込めて遂行した近世初期の改革という本旨にもどって、利常の改作法の実態にせまる必要があろう。とくに初期藩政改革としての意義を考えてゆくとき、利常の「御開作」また改作法に含まれる多様な要素を確実な史料にもとづき解析することが不可欠となる。加賀藩政の「祖法」は永らく誤解されてきた。その実際をあらためて、拡大鏡でみてみたい。

若林はまた「確たる証拠はないが」と断りつつ、「利常の頭上に重苦しくのしかかる家光の圧力が消えると同時に、せきを切ったように懸案の改作法施行に着手した」（『加賀藩農政史の研究』上）とも述べていた。

徳川家光《とくがわいえみつ》という将軍権力は利常と大名前田家にとって重石、重圧だったと解し、この重圧から解放され改作法が断行できたという。こうした理解は、戦後の藩政史研究の通弊といえ、将軍権力は一貫して大名を厳しく統制し続けたというドグマに染まった見方である。

前述のとおり一六五一年（慶安四）四月二〇日、将軍家光は四八歳で逝去した。世継ぎの竹千代（家綱）はまだ一一歳で、同年八月将軍宣下を江戸城で受けた。家光は早い死であったが、二男綱重《つなしげ》（長松）・三男綱吉《つなよし》（徳松）を残したので、病弱将軍家綱《いえつな》の後継は弟綱吉（五代将軍）や綱重嫡子（家宣）が引き受けた。けだし三〇年以上後のことである。一六五一年の幕府は、幼君家綱を押し立て公儀の御威光を発し続けねばならず、家光は異母弟保科正之《ほしなまさゆき》を枕元に呼び、幼君家綱の後見を託したという。

家光死去が幕閣から大名らに伝達された順序をみると、四月二〇日に三家と家門筆頭の松平光長《まつだいらみつなが》（越後高田藩主）・松平直政《なおまさ》（松江藩主）が呼ばれ、その次に利常が呼ばれた。そのあと保科正之（会津藩主）・松平定行《さだゆき》（伊予松山藩主）、譜代大名、殿中祗候の面々と続いた。正式な発表は二一日になされ、三家はじめすべての大名・旗本が登城し諸国にも伝えられた。伝達順でみると一〇二万石の大国を預かる利常は、光高《みつたか》同様家門の待遇を受け三家の次であった。利常は幼君家綱を支えるべき有力大名という自覚が強まったはずで、このあと三家・保科正之・老中松平信綱《のぶつな》・阿部《あべ》忠秋《ただあき》らと、引き続き密接に連携を取り一番大名の面目にかけ藩政の場で、幕政補佐につとめた。改作法断行もこの文脈でみるべきであろう。

一村ごとの「御開作」

利常の改作法は地域や時期によって臨機応変の対応をしたので、綱紀時代の「改作体制」と比べ、制度として柔軟性があった。見方を変えればルーズな面があったということで、利常の始めた「御開作」は、決して統一的ではなかった。

たとえば、改作法が実施されたのは利常隠居領二二万石と綱紀領八〇万石、合わせて一〇二万石、地理的にいえば加賀三郡、能登四郡、越中三郡という広範囲に及ぶ（一四八ページ図16）。この一〇郡での「御開作」実施期

明暦３年（1657）	明暦２年（1656）
	─＊→10月
	＊
	＊
	＊
	＊
──→	─＊──
	＊
	＊
	＊
	＊

表９　前田領10郡の「御開作」実施期間

郡　名	慶安４年（1651）	承応元年（1652）	承応２年（1653）	承応３年（1654）	明暦元年（1655）
能美郡(隠居領)		10月←	――	――＊―	――
石川郡	←―	――	――	――＊―	―＊→
河北郡	←―	――	――	――	―＊→
砺波郡	←―	――	――	――	―＊→
射水郡	２月←―	――	――	――	――→
新川郡(隠居領)	←―	――	――	――	―＊―
羽咋郡			２月←―	――	――→
鹿島東半郡			２月←―	――＊―	―＊→
鳳至郡		10月←	――→	＊	
珠洲郡		10月←	――→	＊	

（注）『加賀藩御定書』後編掲載の「御郡中段々改作被仰付年月之事」による．
承応３年，明暦元年，明暦２年に村御印発給が確認された郡に＊印を付す．

間をみると、表9のとおり郡ごと異なっていたし、加賀国石川郡三一二ヵ村の「御開作」期間を一村ごとみていくと、村ごとそれぞれ異なっていた。細かく分類すると一九とおりに分類できるが、基本パターンは三つで「御開作」期間（一六五一〈慶安四〉～五七年〈明暦三〉）の五年のうち三年実施、二年実施、一年実施という三つに分かれる。さらに一年実施は五種類、二年実施なら八種類、三年実施なら六種類に細分でき全部で一九パターンとなる（表10）。最も多いのが単年型で一九二ヵ村、過半数を占める。二年型は九六ヵ村、困窮著しい村は三年型に多く二四ヵ村であった。一六五三（承応二）・五四年の「御開作」実施村数が多く最盛期であった。

このように一村ごと「御開作」指定が三年続いた村や二年間二回という村もあったのは、じつは北加賀二郡のみで、越中の砺波郡《となみぐん》・射水郡《いみずぐん》（以下、川西二郡と呼ぶ）では、どの村も一六五一年から一六五五年までの五年のうち、どれか一年一回限り「御開作」に指定された。つまり、北加賀二郡の基本パターンでいえば単年型しかなされていない。能登奥郡も実施期間がわずか一年三ヵ月なので単年度型のみとみられ、能登口郡（羽咋郡・鹿島郡）は全容が不明だが、二年二回実施型もみられるので、北加賀二郡に近い。

村に「御開作、仰せ付け」という命令が下れば、さまざまな経営助成の貸付がなされたので、「御開作」回数が複数回あった北加賀の困窮村は、越中川西や能登より丁寧に対応されたといえる。石川郡・河北郡《かほくぐん》は城下町金沢と隣接し、かつ戦国期の金沢御堂を支えた真宗門徒、それも信長との抗戦継続を支持した教如派が圧倒的多数を占めていたからだろうか。

しかし、越中川西（砺波郡・射水郡）の改作入用銀・作食米《さくじきまい》の貸与の仕方をみると、きめ細かく困窮百姓に目をかけている。今石動代官の篠島豊前（清長）が改作奉行として陣頭に立ち、十村《とむら》から抜擢された開作地裁許人一二人とともに、北加賀に劣らぬきめ細かい

表10　石川郡「御開作」期間の19類型

類型		慶安４年（1651）	承応元年（1652）	承応２年（1653）	承応３年（1654）	明暦元年（1655）	村数
1	１年実施型 192カ村	○	×	×	×	×	10
2		×	○	×	×	×	11
3		×	×	○	×	×	55
4		×	×	×	○	×	65
5		×	×	×	×	○	51
6	２年実施型 96カ村	○	○	×	×	×	19
7		×	○	○	×	×	2
8		○	×	○	×	×	11
9		×	○	×	○	×	21
10		○	×	×	○	×	10
11		×	×	○	○	×	28
12		×	×	○	×	○	4
13		×	×	×	○	○	1
14	３年実施型 24カ村	○	○	○	×	×	2
15		×	○	○	○	×	4
16		×	×	○	○	○	1
17		○	○	×	○	×	7
18		○	×	○	○	×	9
19		○	×	×	○	○	1
村数全312カ村		69	66	116	147	58	312

（注）　○印は「御開作」仰せ付け年．拙著『加賀藩改作法の地域的展開』（桂書房，2019年）表２−２，表２−３による．

救済がなされた。川西二郡四〇万石、五三三ヵ村の「御開作」は、どの村も一回一年のみの実施であったが、村柄相応の恩恵と救済を受けた。それゆえ明暦村御印をみると、砺波・射水両郡の手上免すなわち増免率は一一～一二％となり、三ヵ国平均の増免率七％をはるかに超えていた（二〇三ページ表13）。越中四郡は村数が多く粗放的な大経営が広く行われていたので（佐々木潤之介『大名と百姓』）、河川治水や新田開発に力を注いだことは間違いないが、個別経営の労働生産性を向上させる経営助成にも取り組んだことも無視すべきではない。先送りまたは軽くしたとみるだけでは済まない。

「御開作」の多様性

「御開作」期間が一番短いのは表9によれば能登奥郡で、わずか一年三ヵ月。最も長かったのは七年に及ぶ新川郡《にいかわぐん》だが利常隠居領であった。しかし、新川郡の三分一は富山藩・大聖寺藩《だいしょうじはん》の村々であり（一四八ページ図16）、大聖寺藩では利常在世中に改作法は実施されず、富山藩は利常の影響で一六五五年（明暦元）に独自の村御印を利次の印にて発給したので、よく似た施策が行われた可能性があるが、実態は不明である。

隠居領は加賀の能美郡《のみぐん》にまたがるが、全郡約二五〇村のうち一七〇ヵ村、つまりほぼ三分二が利常隠居領で、ほかの八〇ヵ村は富山領（三九村）・綱紀領（四〇村）・大聖寺領（一村）であった。「御開作」期間は、綱紀領約四〇ヵ村は宮竹組という十村組のみだが石川郡に隣接していたので、石川郡（綱紀領）といっしょに「御開作」が行われたので五年間、富山領は明暦元年村御印が出ているが「御開作」時期は不明、大聖寺領は「御開作」はなかった。隠居領のみ表9に示したが北加賀二郡より一年遅れの四年間であった。一郡内でもこれだけ多様な「御開作」期間に分かれていた。

能登口郡は三年がかりで奥郡より長いが、加賀・越中より短い。加賀三郡・越中川西二郡の綱紀領でより典型的な「御開作」が行われ、隠居領の新川郡・能美郡は、利常直轄地であったため複雑かつ特別な対応がなされた。

能登口郡は北加賀二郡に隣接し加賀に準じた対応だったが、鹿島郡の西半郡は既述の長家領鹿島半郡であり、戦国大名畠山家旧臣長家が前田家より先に同郡を織田信長《おだのぶなが》から得ていた。利家以来独自の一円的地方知行が公認されていたから、ここでは「御開作」は実施されなかった。

長家領鹿島半郡で改作法が実施されたのは、一六六七年（寛文七）に起きた長家の家中騒動、浦野事件のあと一六七二年のことであった。五代藩主綱紀は長連頼《ちょうつらより》から重臣浦野らの非法・不忠を列記した訴状を受理し、幕府と合議し浦野派一党を成敗したが、「御開作」は、連頼死後長家領鹿島半郡を藩が取り上げ、替地を与えたあと実施された。長家家臣と半郡百姓との関係を完全に遮断しないと「御開作」は実施できなかったのである。長家領では知行制改革がそれほど難しい状態にあった。

改作法の目的の一つは、あとで指摘するように知行制改革であったが、地方知行《じかたちぎょう》の統制と形骸化が最も遅れていたのが長家領鹿島半郡であり、ある意味、「御開作」断行と知行制改革が最も急がれた地域は鹿島半郡であった。しかし、それまで長家では前田利長《としなが》・利常が苦労し進めてきた知行制の統制や改革はほとんど実行されなかったので、改革を進めようにも手がかりさえなかった。こうして鹿島半郡は前田本藩領なのに改作法の対象外とされた。「御開作」期間を概観しただけだが、前田領一〇郡の歴史的・地理的な多様性を背景に、多様な対応が取られたことがわかる。

能登奥郡の「御開作」

能登奥郡は、全郡蔵入地《くらいりち》となって二五年が経過した一六五二年（承応元）十月に「御開作」の仰せ付けがあって翌年末までの一年余、救済策が実施された。しかし、わずか一年余りで困窮著しい奥郡の窮状がどれほど回復できたのか疑問が多く残る。加賀三郡への手厚い助成・保護と比べると酷薄さを感じ、実情をみても違いは明白であった。

「御開作」直前まで三人の奥郡奉行ほか大勢の侍代官が奥郡に派遣されており、地元の二四人の十村と配下の村肝煎《むらきもいり》らを手足とし、蔵入地支配が進められていた。それゆえ奥郡の「御開作」の目的は、給人《きゆうにん》支配の弊害除去でなく、藩による四半世紀にわたる蔵入地支配の欠陥是正とみなければならない。利常は奥郡搾取の行き過ぎをある程度自覚し、他郡同様の活力回復を目指したが、到底一年余の救済・助成で実現できるものではなかった。一六五一（慶安四）・五二年に藩命を受け奥郡四二三ヵ村をつぶさに見分した藩士堀彦《ほりひこ》大夫《だゆう》の実情報告によれば、奥郡全体が疲弊し藩からの強制的払付米で借銀が累積、製塩関係農民の疲弊はことにひどく、塩専売制の弊害とくに生産塩買取り直段の低価格が指摘されていた。こうした報告書が利常の手元書類（「小松遺文」加越能文庫蔵）のなかに残っていたことから、利常が従来の蔵入地支配の非を自覚し、大胆に改善するチャンスはあった。しかし、それまでの蔵入地支配を失政と認識したようにみえない。

「御開作」を機に塩買取り直段を米一石＝塩一〇俵に改め、塩生産者に若干の余力を与えたが、「御開作」終了後の一六五五年（明暦元）再び従来のレート（米一石＝塩一二俵）に戻した。塩専売の収益は利常にとって手放せない収入源であったらしく、専売塩と塩手《しおて》米《まい》の売買差益、また非農業民の生業に対し搾取の手を緩めることはなかった。

　利常の強欲な収奪が改善されたのは利常死後のことで、綱紀の初入国前の一六六〇年（万治三）、幕府上使が金沢城内にて藩政全体を監察していた折、塩専売制を廃止、自由販売に転じた。しかし自由販売は生産者に販路確保という労苦を強いたため二年後、綱紀親政が始まると塩専売制が復活したが、塩直段は米一石＝塩一〇俵と引き上げた。これで塩生産民の意欲は高まり生産量も拡大、明治維新まで能登の重要産業として繁盛した。この点では、利常死後の綱紀の農政のほうが奥郡に活力を与えたといえ、「御開作」を標榜した救済は実益少なく、掛け声倒れといわざるをえない。

塩専売制に象徴される収益性に目がくらみ、能登奥郡の「御開作」は歪んだものになった。利常が寛永期に始めた奥郡蔵入地政策と塩専売制が、改作法で若干軌道修正されたことは成果といえば成果である。改作法のあと給人知行が郡内の約一割で復活したが、すでに骨抜きされていたから実質的影響はなかった。むしろ塩専売制の中核、塩手米販売市場という役割は変わらず明治維新まで続き、明治初期の能登塩業最後の隆盛につながったことが注目される。

「御開作」と村御印税制

改作法の基本を簡潔にいえば「御開作」という救済策と、村御印による税制改革、この二点に尽きる。表7に示した「御開作」期間は、利常による救済策の実施時期を示すもので、「御開作」という言葉は、改作入用銀・作食米・敷借米《しきがしまい》などの救済米や銀を百姓に貸与したことをいい、これと抱き合わせで進めた農事指導や勤勉督励なども含む。平たくいえば百姓経営助成と農業振興であり、目指すは増税にめげない強い農家を創出すること、米生産の拡大であった。

一方、村御印は藩主が村と契約した納税契約書であるが、「御開作」のあとに実施した増税を盛り込んでいた。また村御印にもとづく徴税機構は、百姓身分である十村《とむら》を前に押し出し、十村を代官とし中心にすえたので税制改革と表現した。それが利常の遺した「農政」という遺産であり、のち藩政の祖法となった。村御印には藩主利常や綱紀の印判(「満」印)が捺され、前田領約三二〇〇の村々に村高と本年貢の免相(税率)、夫役などの税率ほか小物成《こものなり》銀高を列記する。さらに村御印に書かれた以外の課税要求に絶対に応じてはいけないと記す。村御印の記載以外、どんな課税もないと約束した点が重要である。

改作法以前、村や百姓に不当な課税を申し付けたのは給人領主や代官・十村たちであり、その不法・非法に藩初以来、領民は苦しめられた。藩は慶長以来多くの法度《はっと》を出し彼らの不正行為を咎め、藩公儀の諸機関に上申・訴訟するよう奨励してきた。しかし、なかなか一掃されず、改作法の税制改革と増税実施を機に全村いっせいに下した村御印の権威をもって完全な一掃を図った。

村御印の一例として、加賀平野のごくふつうの水田農村、石川郡長池村の「寛文十年村御印」を左に掲げた(図17)。草高と免相の記載に、改作法の果実というべき手上高《てあげだか》・手上免《あげめん》を小さな文字で付記する。手上高とは村から「御開作」の救済に感謝し、日々切り開いた小さな開発地を上げ高として百姓が自主申告したもので、例示では「内三石は明暦二年百姓方より上げるに付き、検地なしで決めた」とある。手上免は利常の救済のお蔭で反

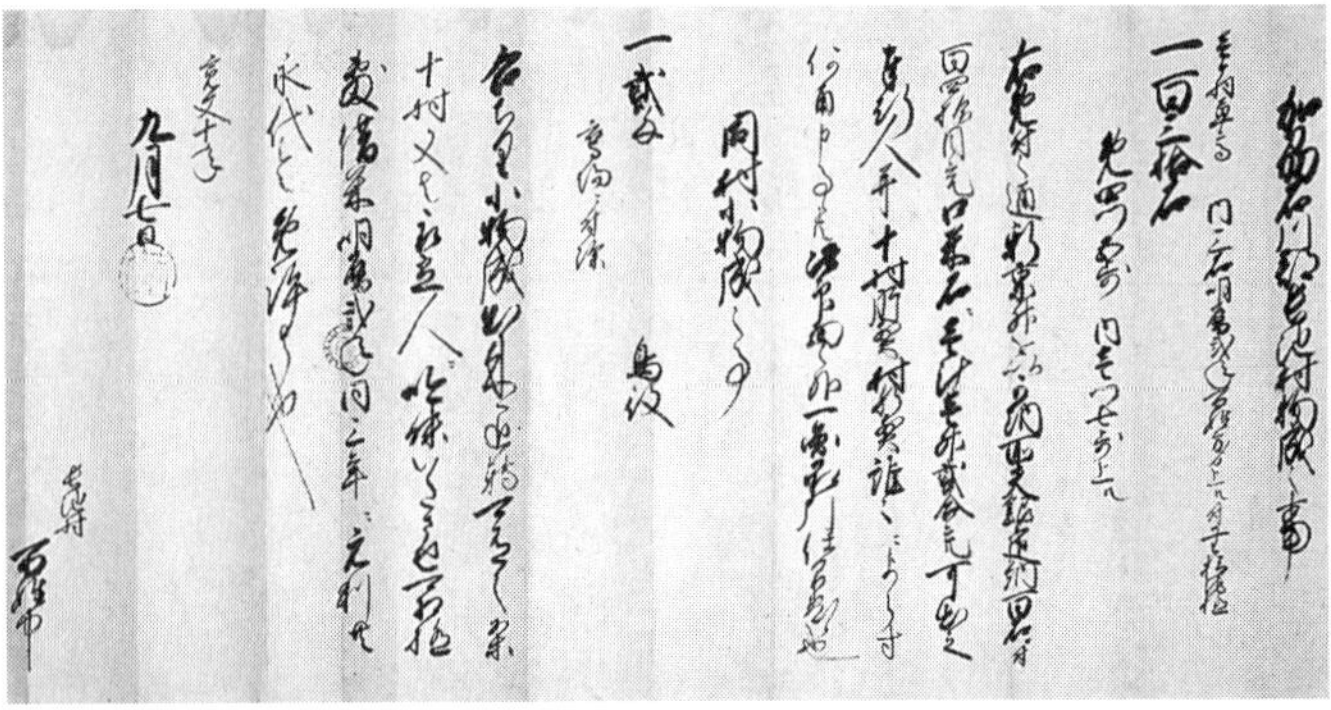

図17　加賀国石川郡長池村寛文10年村御印

村高（草高）130石と免４つ５歩を記したあと，５行目から８行目にかけて「右免付の通り新京枡をもって納所すべし。夫銀は定納百石に付百四十匁宛。口米は年貢一石に一斗一升二合宛これを出すべし。奉行人并十村肝煎・村肝煎、誰々によらず何かと申す事候とも御印面の外一円承引仕るまじく候なり」と記す．そのあと小物成が一件（鳥役２匁）記される．

収が改善したから税率アップを申告したもので、例示では「内一ツ七歩（明暦二年より）上がる」とある。十村が、村々をこまめに廻り手上高・手上免を促した。

大名と百姓は年貢搾取をめぐって対立関係にあるから、このような増税申告を村や百姓が自主的に行うことなどあり得ない。これが従来の近世史の常識であった。それゆえ利常が十村たちを脅し、改作奉行や十村たちはやむを得ず手上高・手上免を強要したというのが従来の理解である。あとでみるように、手上免による増税率は郡単位でみると軒並み五％～七％アップしており過酷であった。強制や脅しがあったという説明では納得できない上げ率である。納得できない増税強制なら百姓一揆や走百姓が猖獗《しょうけつ》し、改作法は失敗という烙印を押されたことであろう。しかし、大きな反対や敵対行為が起きていないので、強要という説明で済ますことはできない。一揆国の門徒百姓が従順だったわけではない。

従来の改作法論は詰まるところ、この手上高・手上免の増税策を重視し、利常は最大限の年貢搾取を実現したと論じ強欲な封建領主の典型としていた。はたしてそうなのか。少なくとも増税策の前に、「御開作」と標榜し大規模な救済策を展開し、領主の恩沢を効果的にアピールし、その余贈や余沢を目あてに増税を行ったことは間違いない。改作法の増税策は、「御開作」という救済策を真っ先に打ち出し効果を上げていたから、手上高・手上免に対する強い反発を押さえることができた。このカラクリを以下でみてゆく。

表9には村御印の発給年を郡別に示した。前田領一〇二万石全村で村御印がいっせいに公布されたのは一六五六年（明暦二）が最初だが、それまでに一六五四年（承応三）九～一一月、五五年五月と地域限定の村御印発給があった。一六五六年八月の村御印一斉下付で改作法成就とされるが、利常は明暦村御印を最後と考えておらず、死去直前まで村御印の改訂を考えていた。綱紀は、この遺志を継ぎ一六七〇年（寛文一〇）九月、改訂した村御印を全村に発給、古い明暦村御印は全て回収した。その後村御印のいっせい改訂はなくなり寛文村御印が祖法とされ、これ以外課税はないとされ、以後の藩税制はこの形で固

定化された。

越中五箇山の村御印

砺波郡の五箇山《ごかやま》には合掌造りの村（世界遺産）が今も残るが、能登奥郡と酷似する非農業民が主役の険谷に挟まれた山村地域である。穀倉地帯が大半を占める砺波郡のなかでは特殊な地域であった。しかも真宗信仰が戦国以来盛んな所で、過激派の教如《きょうにょ》もここに潜伏し信長への抗戦を呼号した所である。

ここでは石高制《こくだかせい》も独特であった。砺波郡五箇山七〇ヵ村は水田農耕に適した土地はわずかであったから、藩は当初から塩硝（火薬の原料）・生糸・紙などの特産品をもって年貢納入させ、のちに検地を行い高付けしたが、納税は金納とした。

五箇山の寛文村御印はとてもユニークで、五箇山七〇ヵ村を一括し一枚の村御印にした点が特徴である。七〇ヵ村全体の年貢高（金子一二〇枚七両余）を主文に掲げ、年貢高の肩書に五箇山「七拾ヶ村の草高」五八六四石七斗余を記す。手上高・手上免の記載はないが、年貢金子の左に「内五枚六両余」は「明暦二年より上る」と付記する。これは他村でいえば手上免にあたる。一六五六年（明暦二）に五箇山でも増税措置が取られたことがわかる。御印高という村高や御印免という村免を主文とする長池村の村御印が基本様式であり、五箇山のは特異である。しかし、こうした特殊な村御印は、ほかの在郷町・湊町・宿駅・無高村でもみられるので、むしろこうした村御印から前田領の多様性が読み取れ面白い。

五箇山では既述の本年貢のほかに小物成税目が四つ列記される。①塩硝役　金子八枚、②大牧村湯運上　金子一枚五両、③蠟・漆・蓑・紙役　金子七枚、④敷借米六〇石の利足一二石の四つだが、このうち敷借米利足の記述があるので、敷借米という「御開作」に伴なう救済がなされたことがわかる。

五箇山は藩直轄地であり、代官は今石動在住の篠島氏がつとめ、「御開作」に伴う救済策も執行した。五箇山七〇ヵ村は全村蔵入地として多額の金子年貢を負担し藩財政に貢献したから、能登奥郡とよく似ている。給人支配の弊害は五箇山でも存在せず、新川郡の鉱山・宝達金山《ほうだつきんざん》、能登奥郡などと並んで藩の金銀収益の重要な収入源となっていた。一揆の国の要衝は利常自ら統治するという意図も窺える。開作地で執行された債務調査と改作入用銀・作食米などによる救済の様相を、つぎにみてゆく。

「百姓成り立ち」と勤勉の要求

開作地に対する救済策のなかで特筆すべきは敷借米である。利常は、「御開作」実施とともに百姓の債務調査を徹底して行い、藩以外からの借銀・借米はいったんすべて藩が肩代わりした。百姓の借銀をすべて藩への借銀に付け替え、当面は藩に毎年二割の利足を納付することで済ませた。これが敷借米貸与という救済で、百姓にとって最も大きな恩恵を与えた助成策であった。

敷借米と脇借禁止

郡ごとの敷借米貸与額は表11に示したが三ヵ国一〇郡の総額は七万石を超える。敷借米の利足二割は、明暦村御印の小物成の項目に列記されたが、村御印発給と同時に返済免除としたので、寛文村御印には免除した年次を明記する。本米も加えた全額免除は一六五九年（万治二）までかかったが、この敷借米の元利とも返済免除令は利常による「徳政」と

表11　郡別の作食米・敷借米・開作入用銀の貸与額

郡　名	作食米高	敷借米高	開作入用銀	合　計
能美郡	4795石	8819石	27貫匁余	1万4514石
石川郡	12502石	15849石	167貫匁余	3万3918石
河北郡	5981石	5907石	71貫匁余	1万4255石
砺波郡	19920石	8931石	160貫匁余	3万4184石
射水郡	12237石	7512石	71貫匁余	2万2116石
新川郡 (隠居領)	22792石	15233石	(不明)	3万8025石
羽咋郡	5311石	5314石	約75貫匁	1万3125石
鹿島東半郡	2169石	2727石	約32貫匁	5963石
鳳至郡	8836石	1823石	62貫匁余	1万2726石
珠洲郡	3371石	678石	28貫匁余	4982石
10郡合計	9万7911石	7万2790石	約696貫 (2万3200石)	19万3901石

(出典)『加賀藩御定書』巻14による.

(注)　開作入用銀は概数のみ表示し，石高換算は当時のレート銀30匁＝1石で換算．1石未満は四捨五入したので合計数と一致しない．

いってよい。これは手上高・手上免の重税感を和らげるのに大きな効果を発した。

じつは利常が敷借米という「徳政」を実施したのは二度目であった。最初は隠居前の一六三七年（寛永一四）に実施され、のち「半徳政」と呼ばれた。前年からの飢饉に対処した救済策で、同時に算用場改革がなされたことは前に述べた（八〇ページ）。しかし、この一六三七年の半徳政は代官支配地（蔵入地）に限定され、給人支配地は除外されていた。しかし、改作法での敷借米は給人地も対象に加えていたから、肩代わり高は寛永の半徳政を大きく上回った。

債務の肩代わりだけでは、救済の効果は一時的なものにとどまる。百姓が再び債務地獄に陥らぬよう、利常は「脇借《わきがり》」禁止令を発した。開作地の百姓に藩以外から借金することを厳禁し、脇借の事実があとで発覚すれば、借りた者・貸した者双方とも「火あぶり」に処すと脅された郡もあった。脇借禁止が励行されれば、年貢・諸役の未進は藩との公的債務となって残るが、藩以外の悪徳商人などの餌食にならず質素倹約につとめ農業生産に打ち込めば借金返済がいずれできると利常は考えていた。

しかし、現実社会に生きる百姓たちは、複雑な共生関係のなかで日々の生業を営んでいたから藩以外からの借金なしで経済活動を完結させることは難しかった。人間の経済活動は創造性や欲望充足に促されるものゆえ脇借禁止など、そもそも守れない要求であった。

さらに重大な矛盾は利常政権が要求した年貢皆済の要請であった。多額の救済投資をした利常の面子にかけ、村御印どおりの皆済達成は悲願であった。これだけの救済を行ったのに、年貢皆済ができないはずはない、という使命感に燃えた開作地の奉行・代官・十村が懸命に皆済を要求したので、滞納分は藩の債務にしてくれなどとは簡単に言い出せなかった。公的債務となるべき年貢未進分は、ひそかに脇借で弁済されたのが実態であった。しかし、史料でこうした点はなかなか立証できない。残っているのは、「御改作に仰せ付けられ、多額の借金調査には正直に答え、敷借米で脇借の清算をしてもらった。今後は決して脇借はしない。もし秘かに隠し置いた脇借が脇々より発覚するようなことがあれば、本人の儀はいうに及ばず、その村の村肝煎も厳罰に仰せ付け下さい」などと誓約した証文ばかりである。だが、こうした請書の行間を深読みすれば、脇借せねば皆済できない現実が窺える。

開作入用銀と作食米

開作入用銀と作食米の貸与は、改作奉行に抜擢された十村（開作地裁許人と呼ばれる）が責任者となり、百姓個々の債務調査、経営規模・耕作人数・困窮度などを調べ適正額を貸与した。健全な経営には申請がなければ貸与していない。とくに開作入用銀は「御開作」と同時に始まった新しい貸与制度であり、前年に年貢皆済したことなどを条件に、春耕前に種籾《たねもみ》・農具・肥料・馬の購入、雇用労働の給米などを助けるため貸し付けた。農業振興を標榜する「御開作」にふさわしい助成メニューであった。

　耕作が始まり農業生産が軌道に乗れば、早目の返済を要請された。夏場の副業や稼ぎで収益を得たら改作入用銀の一部なりとも返済するよう要求された。利足は二割であったが、隠居領の新川郡では利足免除とされた。このように郡や村の窮状に応じ利足や元本の返済免除も織り交ぜ、農業生産の活性化を図ったのが改作入用銀であった。「御開作」の最終段階、明暦年間には改作入用銀の返済未進分は返済不要にしたと推定される。勤勉に拍車をかけた救済といってよい。

　これに対し、作食米は寛永飢饉の一六四一年（寛永一八）頃より実施していた貸付制度で、主に給人や代官が飢饉対策として貸与し、夏以後の端境期に起きる飯米不足を補った。しかし、実情は年二〇％を超える高利貸付を行う給人が多く、不当な高利貸支配の温床となり救済ではなく高利収奪の弊害が深刻であった。給人は藩から増税を厳しく制限されていたので、こうした貸付米や滞納年貢に高利を付け厳しい取立てを行ったが、「御開作」を機に、従来の貸与方式を大きく刷新した。

　作食米刷新の第一は、利足は借用米の二割に限定、運用は十村に任せ侍代官と給人をこの制度から完全に排除した点である。つぎに百姓の自己責任を明確にするため毎年秋の収穫時、来年必要と予想される飯米高《はんまいだか》を百姓自ら見積り、これを自家用作食米として作食蔵に預けた。預けた作食米は、各自名札を付け冬場封印された。翌年春以後、飯米不足になると十村に申告し自家の作食米を受け出し消費し、秋に二割の利足を付け作食蔵に戻したが、これは備荒貯蓄と同じ貯穀制度であり、給人や代官の不正は完全に遮断された。作食米のなかに雑穀などを混ぜればツケは百姓自身にはねかえり自業自得となる救済策であった。

利足米は作食蔵の水害・鼠害・雨漏り防止の修繕費、蔵番人の給銀などに使われた。作食米制度は作食蔵が堅牢で安全でなければならず、その維持経費、修繕費は利足で賄った。手堅く運用すれば毎年作食米高は積み上がるはずだったが、さほど潤沢な制度となっていない。藩は随時「増作食米」を補塡し作食米の原資不足を補った。百姓の自助努力に欠ける所があったからであろうが、一八世紀には形骸化の弊害が明確となり天明年間廃止された。しかし綱紀時代まで増作食米の補塡を受け、十村が代官・給人の関与から離れ作食蔵を独立し管理したことで、農業経営安定に大きな役割を果たした。

改作請書と開作百姓の義務

開作地に指定された村は「御開作」実施中の春先、改作請書という誓約書を提出した。藩のほうで雛形を作り半ば強制され提出されたものなので、逆に利常の「御開作」という救済策にかけた期待感が読み取れる。

一六五三年（承応二）二月、河北郡清水村の肝煎から開作地裁許人（十村）に提出された改作請書では、「村が御開作地に指定され、作食米・開作入用銀を望み次第に御貸し下され百姓一同感謝している。年貢米・諸役銀の皆済はもちろん作食米・入用銀・敷借米利足の返済も滞りなく行い迷惑をかけません。少しもわだかまりなく稼ぎや余り米の現状を正直に上申する。もしこの誓約に違うことがあれば私が責めを負います」と誓約した。

能登口郡の開作地の村々では、一六五四年二月に七ヵ条の改作請書、翌年三月に一九ヵ条の改作請書を提出しており、利常が開作地農民に望んでいたことが具体的にわかる。最も目立つのは、借銀を肩代わりしたうえ改作入用銀・作食米を貸付け、耕作に専念できる環境を整備した以上、これに感謝し年貢を皆済、貸与物を返済するのは当然、励行しない者は盗人同前の「徒《いたずら》百姓」と恫喝した点である。一、二例示しておく（傍線筆者）。

・御公儀様より御慈悲をもって過分の御貸付の御未進を御延期なさせられ、そのうえ作食米・入用銀を無利足で御貸し成させられ候上は、昼夜ともに耕作精に入れ、所帯を弥々きりつめ百姓成り立ち申すようにと仰せ渡され、誠に有難く存じます（一九ヵ条請書三項）

・作食米・入用銀、仕りたきままに喰いつぶし、耕作はいい加減に仕なし、当暮の年貢納入を怠るような百姓は、盗人同前の儀に候間、その者だけでなく一類共に処罰す

る。同時に肝煎・長百姓どもも同罪とされてよい。受け入れます（一九ヵ条請書五項）

前者には「百姓成り立ち」という言葉がみえ、開作地での助成は「百姓成り立ち」つまり百姓経営の存続を保証する施策であった。この恩恵を忘れた怠慢な農業経営で年貢滞納に陥ることは「盗人同前」とし、救済に見合った勤勉を要求したこともわかる。

「酒・肴買い調え候儀、一切仕るまじき」とし、もし買い求めた者をみつけたら本人だけでなく村肝煎も連座し処罰された。仏事・葬礼・嫁取・聟取にあたり贅沢がましい行為は厳禁され、物参りや諸勧進、頼母子《たのもし》なども「百姓成り立ち」のため控えると村は誓約した。

家作・衣類・食べ物に至るまで細かく節倹を求めた点は一六四三年（寛永二〇）三月関東幕領に出された「土民仕置条々」一九ヵ条と酷似する。耕作前の田畠手入れや草取り専念、他所からきた無精者は村に留め置かず追い出せという条項もあった。利常は、家光が発した幕領農村法度の条項も念頭に独自に深化させ、改作請書に盛り込んでいた。

利常の場合、作食米・開作入用銀による救済を先に行い、これを盾に節約と勤勉を要求したので、「土民仕置条々」より一歩踏み込んだ勤勉要求であった。さらに「耕作無精の者また不作法なるわだかまり者がいたなら、村肝煎・長百姓らは奉行に上申せよ。村から追い出し、その罪により耳・鼻を御かきなされ、その年の収穫物と妻子ともに、その家の下人に与える」（一九ヵ条請書四項）と百姓の怠慢を一喝した。権力的かつ威嚇的な誓約であったから、村々に反発もあったに違いない。

無精者とされた百姓を利常政権は「徒百姓」と呼び、村から追放した。村から追放された徒百姓（追出百姓）の行く末は悲惨であった。徒百姓は高（田畠）を取り上げられたあと新百姓の下人にすると利常は申し渡している。

商人排除と農事指導、自主納税も

利常の改作請書で注目されるのは、極端な商人排除条項である。百姓が村外商人と商取引をすれば脇借の原因になるとみたからである。しかし、徹底した自給自足経済が前提になければ脇借厳禁など実現はできない。一七世紀の農村経済の現実を考えれば、商取引なしの農業経営など成り立たず、利常の脇借禁止策は大きな矛盾を含んでいた。この無理を承知してのことか、知らぬふりなのか定かではないが、「塩売・みの笠売・農道具・鎌・鉈売り、そのほかの商人一人も在所中へ入れてはいけない。宿駅にて他国商人が一夜泊りで宿借りをしても、御改作地の者どもに決して物を売ってはいけない」（七ヵ条請書二項）と村人に要求していた。

これでは農道具など農家の必需品を売りに来た商人ですら村内に入れない。このとおり遵守していたら生産活動に支障も出るので、この商人排除条項は債務累積とならぬよう村肝煎や村人に注意喚起した条項とみておきたい。じっさい越中五箇山の百姓は、城端《じょうはな》な

（田植えの図）

（年貢米御蔵入の図）

図18　加賀平野での農作業風景（「農業図絵」より，桜井健太郎所蔵）

ど在郷町商人からの前借りを受けないと金子年貢を納付できなかったので、この規定は免除されていた。城下町周辺や在郷町・宿駅、また無高の村々も、商人との取引なしでは銀納年貢の皆済などできなかった。この条項は名目だけとみられる。

利常の脇借禁止と敷借米貸与策は画期的な救済であったが、農村経済の発展にそもそも逆行する反動政策であった。法令と異なる運用もみられるので改作請書に書かれた条項は、丸ごと事実とみることはできない。実例をいちいち確認しながらの検証がいる。改作請書の背後で、村社会はどのような抜け道を作り、息抜きをしたのか、こうした点はすべて今後の課題となる。

開作地では十村はじめ改作奉行などが頻繁に村廻りし、農事指導を行ったので、「耕作の儀随分情を出し、屎《こえ》・灰をも多く仕り候て立毛《たちげ》よく出来《しゅったい》仕り候ように吟味」（七ヵ条請書六項）、また「毎年田畠荒起しの儀、仰せ渡され候日限にきっと起こし立て申すべく候、ことに能登国は他国と違い、冬の内より荒起しを行うべきで、以前通り冬中から荒起しをすべし」（一九ヵ条請書八項）という条項もあり、適時適切な農作業で収穫増を目指したこともわかる。「御開作」という言葉の淵源は、こうした丁寧な農事指導にあった。

開作地の百姓は、多額の助成を受けた見返りに、勤勉と節約、農事指導に従うことを請け合ったが、さらに注目したいのは、「これまで代官地・給人地ともに代官・給人・十村が皆済せよと督促してきたが今後、こうした督促はしない。むしろ百姓方から年貢米を持ちかけ納入し、代官らに迷惑をかけない」（一九ヵ条請書一六項）と誓約させたことである。

これは従来と異なる要求で、代官・給人から年貢督励がなくても自主的に納税せよ、納税時に領主に手間をかけることをさせるな、というのである。いったい、この条項はどのような意図からでたのか、あとでもう少し考えてみたい。

隠居領の改作法

利常は、隠居領と定めた能美郡と新川郡で「御開作」をどのように進めたのか。これは、これまで不問に付されてきた課題であり、確たる史料も乏しい。そこで、この二郡の特徴を一郡単位の石高変遷や税率変遷を比較することで鳥瞰し、郡としての個性を確認することから、利常の意図を探ってみたい。

表12は前田領一〇郡の郡高を確かな史料が残る一六〇五年（慶長一〇）・一六四六年（正保三）・一六五六年（明暦二）について調べた一覧である。ただし一六五六年の郡高は明暦村御印に拠ったので必要な補正や推定を加えた（木越隆三『加賀藩改作法の地域的展開』第六章）。表13も同じ典拠で年貢高を把握し税率を計算した一覧である。

表12で郡高変遷をみると石高拡大が顕著なのは越中四郡であり、なかでも新川郡の拡大率は他郡を圧倒していた。これに対し加賀四郡は総じて石高増加は低迷、能美郡では一六四六年に著しい石高減少があり、ほかの加賀三郡が改作法までに一六〇五年を超えて回復

表12　郡別の石高変化

郡　名	慶長10年国絵図（1605）	正保３年郷帳（1646）	明暦２年の郡別石高（1656）
江沼郡	６万7214石	６万5698石	大聖寺藩領（７万石）
能美郡	13万3082石	11万5245石	12万9893石
石川郡	16万6125石	16万6946石	17万6399石
河北郡	７万6087石	７万5070石	８万3586石
加賀国４郡	44万2507石	42万2959石	38万9878石
砺波郡	19万3837石	20万2112石	24万6348石
射水郡	12万8902石	13万0256石	17万4785石
婦負郡	５万8570石	７万2542石	富山藩領（11万石）
新川郡	14万9329石	18万7506石	25万9804石
越中国４郡	53万0637石	59万2416石	68万0937石
羽咋郡	７万8406石	７万4604石	８万3173石
鹿島郡	６万0562石	６万2935石	６万5239石
鳳至郡	５万0598石	４万7982石	５万7742石
珠洲郡	２万7325石	２万5912石	３万1588石
能登国４郡	21万6891石	21万1433石	23万7742石
三ヵ国合計	119万0036石	122万6808石	130万8557石

（注）・拙著『加賀藩改作法の地域的展開』（桂書房，2019年）表６－２による．
・３ヵ国合計の130万石余は，江沼・婦負２郡を除いた10郡の合計である．この２郡分（支藩領）も加えると約150万石となる．

表13　郡別の税率変化

郡　名	慶長10年国絵図(1605)	正保3年郷帳(1646)	明暦・寛文村御印(1656)(本藩領のみ)
江沼郡	40%	41%	大聖寺藩領
能美郡	29%	37%	44%
石川郡	46%	49%	53%
河北郡	43%	53%	57%
加賀国4郡	39%	45%	51%
砺波郡	21%	38%	49%
射水郡	27%	36%	48%
婦負郡	22%	37%	富山藩領
新川郡	39%	38%	42%
越中国4郡	28%	37%	46%
羽咋郡	28%	39%	49%
鹿島郡	36%	36%	—
鳳至郡	28%	49%	54%
珠洲郡	26%	42%	50%
能登国4郡	30%	41%	49%
三ヵ国合計	33%	41%	48%

(注)　拙著『加賀藩改作法の地域的展開』(桂書房, 2019年) 表6-3による.

したのに、能美郡だけ一六〇五年の郡高以下で終わった。郡高の変化でいえば能美郡と新川郡は対照的であった。

しかも、越中四郡では一反三六〇歩とする太閤検地以前の量制が幕末まで採用され、加賀・能登は元和検地以後、太閤検地の原則である一反三〇〇歩制に切り替わっていた。また田一反当たりの基準収量（斗代《とだい》）は、能美郡・江沼郡のみ一反に一石七斗で、それ以外の八郡は一反に一石五斗であった。その結果、新川郡では三六〇歩につき一石五斗（一歩につき米四合二勺）、能美郡では三〇〇歩で一石七斗（一歩につき米五合七勺）と査定されたので、田一歩当たりの生産性が最も高い能美郡と最低の新川郡で隠居領は構成されていた。

一七世紀の越中で広大な新開地が開かれ村高拡大が目覚ましかったのは、反収が低い越中独自の自然条件によっており、改作法でも新田拡大による収量増が目指された。

表13の税率変遷をみると、改作法の手上免増税の結果、藩領全体で平均七％の増税が達成され前田領一〇郡平均で四八％（四つ一歩から四つ八歩に）になったことがわかるが、能美郡は四四％、新川郡は四二％と一〇郡のなかで両郡の税率は最低であった。

とくに能美郡は、もともと一〇郡のなかで税率が低く、反収が大きい所なのに砺波郡・射水郡、能登奥郡に近い低水準にあった。隠居領になったあと強引に引き上げ、改作法までの一〇年で北加賀二郡の四％増免を超える七％増免で四つ四歩になったことがわかる。

ここから能美郡は元来、税率を上げにくい環境にあり、新田開発の意欲が乏しい郡であったことがわかる。隠居領となり厳しく督励されて何とか他郡並みになったのである。慶長～寛永初頭までの低税率については、さまざまな要因が考えられるが、能美郡は石山合戦の頃から教如派門徒が多数を占め、「郡中御影」を奉戴する門徒衆が慶長以後も健在であったことも要因の一つと考えられる。この点はあとでふれたい。

新川郡の石高拡大のテンポは能美郡と好対照で、毎年大きな新田開発を進め、利長時代一五～一六万石だった郡高は三〇年後に一九万石、その一〇年後の改作法で二六万石へと急拡大した。これと平行し税率も上げたので新川郡の百姓たちの労苦は並大抵でなかった。新川郡の一六〇五年の平均税率は三九％、給人平均免採用という事情もあって高率であったが、これを維持し改作法の手上免の洗礼も受け四二％となった。能美郡の税率が二九％→三七％→四四％と推移したのと比べると、いかに過酷であったか、逆に能美郡に対し手ぬるかったか一目瞭然である。

新川郡の「御開作」七年間、利常はずっと新田開発の奨励と後援を続けた。開墾に熱心な改作奉行山本清三郎《やまもとせいざぶろう》を登用し郡内各所で新開事業の陣頭に立たせ、新田開発を牽引した。「御開作」最後の年に能美郡今江村から若夫婦二〇家族を選び、新川郡の黒部河原の未墾地に入植させたが、「御開作」のあとも新田開発に余念がなかった。

改作法のもたらしたもの

「御開作」の動機

江戸幕府創設のあと、将軍秀忠《ひでただ》・家光は全国の武士を大名・旗本・御家人などと序列化し幕藩体制という支配秩序を構築、一六六四年（寛文四）の寛文印知で将軍を頂点に大名を服属させた統一的土地領有制が固まり、幕藩制国家というにふさわしい国制が整った。幕藩制国家は強大な将軍権力を背景に集権的な構造を取るが、他方で大名による領国支配を地域的な国家支配として別に抱え込み、双方の協調・連携のうえで成り立っていた。約二五〇の大名が二五〇年の長きにわたり、この国制に依拠し、朝廷・公家・寺社を確実に統御し、列島上の住民を平和裡に支配できたのは、将軍権力と大名の相互依存によるところも大きかった。

家光・家綱時代は、将軍と大名の相依関係が深化した時期であり、一〇二万石の領国統治に責務を負う立場から、利常は幕藩間の協調・連携のいっそうの充実を意図し、改作法を構想したと想定している。「御開作」と称し遂行した大胆な助成策のなかに、家光の目指していた民政重視や「百姓成り立ち」理念に共通するものがあったからである。

利常は一六五六年（明暦二）の年貢皆済が村御印どおり実現できた報告を翌年春、参勤した早々に江戸藩邸で受けた。この皆済報告をいち早く幕府老中松平信綱のもとに知らせると、信綱はこれを慶び、御開作成就を賞したという逸話が残る。これを裏付ける確たる証拠は未確認だが、利常は幕府が進める民政重視、「百姓成り立ち」政策を強く意識し、「御開作」を始めたと見て間違いなかろう。

家光は寛永末期の飢饉に際し、民政重視に農政を切り替え一六四三年（寛永二〇）「土民仕置条々」などを発し、幕領代官だけでなく諸大名にも百姓救済に本腰を入れるよう強く求めた（藤田覚「寛永飢饉と幕政」）。だが、このとき前田領では積極果敢な飢饉対策が打たれていない。家光の要請に対し利常の対応は鷹揚な所があり史料をみた限り切迫感がない。しかし、光高死後、慶安年間に凶作が続いたので、利常は傲慢に進めてきた自らの民政の有りようを見直した。光高急逝から六年後、家光逝去を機に改作法を断行した。その政策は、みたように「御開作」と称し作食米・敷借米・改作入用銀など総額二〇万石に達する果敢な救済を行った。開作地で個別に農家経営の窮状を調べたのも、家光や光高が主張していた「百姓成り立ち」・民政強化の理念に触発されたのであろう。

利常による「御開作」着手を、家光の大名抑圧政治からの解放感で説明するのでなく、むしろ家光の民政重視策を利常なりの解釈と個性のもと前田領で進めたもの、さらに民政強化によって家綱の将軍政治を盛り立てたものと解したい。家光の民政重視の掛け声は、「御開作」の動機の一つに加えてよく、民政強化の典型の一つを示すものであった。

家光は潜伏キリシタン弾圧を強固に進めた暴君、大名に対しては武断政治と概説されてきたが、幕政を民政重視に転換させた将軍としてもっと注目されてよい。それを支えた存在として、幕閣ほか前田利常・光高、細川忠利《ほそかわただとし》のような国持大名《くにもちだいみょう》がおり、それが保科正之・池田光政《いけだみつまさ》・徳川光圀《とくがわみつくに》のような近世前期明君登場の前提となった。これにより近世国家の民政の「型」が固まったのである。

明暦「村御印」と知行制改革

給人領主による過酷な年貢搾取や百姓への乱暴・狼藉、これらは一二世紀に武家政権が発足して以来ずっと生産者・庶民にとって惨禍であった。自然災害や凶作とならび百姓・平民を窮地に追いやった大きな原因であった。領主支配という惨禍は、二代利長が藩公儀という理念を打ち出した慶長以後、戦乱の終息もあり大きく改善された。利常の治世となって農政法令が多数出され、既述のとおり給人・代官の不法はある程度押さえられた。

しかし、利常隠居以後も給人地では、給人の税率決定権が部分的とはいえ残っていた。非法や不埒をチェックする体制は郡奉行《こおりぶぎょう》・十村によって随分と強化されたものの、貸借関係や「救済」名目の高利貸付で利足を稼ぐ、新タイプの領民搾取が横行していた。年貢滞納の代償として百姓子女を武家奉公に出させ、不当な長期雇用や無償労働を強いることも頻発していた。

領民が安心して日々の生業、生産活動に邁進するには、こうした新旧さまざまな不正を厳しく排除せねばならず、利常は「御開作」に引き続いて実行した村御印税制で、蔵入地の代官は、侍代官から十村代官に切り替えた。同時に地方知行は名目のみとし、税率変更も年貢納付もすべて十村と蔵宿《くらやど》（藩指定の米穀商）に任せ、給人や武士を徴税実務から外した。これが村御印税制の画期的な点である。村御印によって加賀藩の地方知行はほぼ完全に形骸化、代官支配も十村代官制に移行し、在地での徴税実務は百姓身分の十村と蔵宿を営む商人に任された。十村が管理する村請制《むらうけせい》をベースに、蔵入地の貢租は十村代官から藩の御蔵へ、給人地の貢租は蔵宿が村から直接受け取り保管することで納税が完結する体制がここに実現した。ただし、年貢受領証文（皆済状）は十村代官と給人領主（知行取）が発行した。これは形式事務であったが、村人は給人から皆済状をもらうと金沢城下の屋敷に挨拶に出向き祝儀をもらった。

一六五四年（承応三）、初めて能登・加賀で村御印が発給されたが、給人の免決定権はこのときまで認められており、同じ村でも給人によって税率が異なっていた。しかし同年八月、開作地を対象に給人が自分知行所に下代《げだい》を派遣し直接徴税することが厳禁された。軍事編成の上司（統括者）である組頭から配下の知行取藩士にこの法度が厳命された。その翌年二月、小松城に十村・改作奉行らが招集され三五日間ぶっ通しで知行割作業が行われ、藩が給知村の税率を指定した知行所付目録（給知村の高と税率等を明記した辞令）が下付された。これに続き五月、能登口郡・北加賀、越中の砺波・新川郡などで二度目の村御印下付があった。このとき利常隠居時に定めた給人平均免が改定された。さらに一六五六年（明暦二）八月、三度目の村御印発給となるが、このとき初めて隠居領も含めた前田領一〇郡でいっせいに村御印が全村に下付され、「加賀知三つ六歩、能登・越中知四つ一歩」と一率三％アップした給人平均免が給人全員に適用された。

具体的にいえば、一六五六年村御印に記載された村免をもとに、給知免を明記した知行所付目録が改定され、翌年にかけ平士たちに交付されたのである。これで利常の知行制改革は完了、地方知行は名目だけとなった。この連年にわたる知行割替事務の作業量は膨大なものだったと推測され、財務官僚の算用能力が不可欠であった。

改作法の手上高・手上免の増徴効果は平均七％（二〇三ページ表13）だったが、そのうち三％は給人平均免に上乗せされた。このあと知行取家臣（給人領主）の矜持と藩主への忠誠心を保持していくにはどうすべきか、これが新たな課題となった。

強くなった藩財政と大坂登米

家光・家綱の時代、どの大名も藩財政の困窮に直面し、財政健全化による領国支配の安定が課題であった。利常も元和以来、この課題に取り組んだ。鉱山経営・塩専売制などで現銀収入の拡大を図り、また蔵《くら》米《まい》販売を領外市場に求めたことなど前に紹介した。

なお本書ではふれられなかったが、前田領では慶長期から寛文期まで、今判《いまはん》金・極印《ごくいん》銀・朱封《しゅふう》銀などの金・銀貨鋳造を独自に行っていた。いわゆる領国貨幣を発行できた数少ない大名であり（中野節子『加賀藩の流通経済と城下町金沢』）、藩財政に寄与した所は大きかったが、藩財政史上の意義解明は十分ではない。

改作法は、それまでの財政強化策の延長上にあるとはいえ、村御印増税で米年貢の大幅増収を実現した点で画期的であった。領民の大半が米生産者で石高制が財政基盤であった近世大名にとって、年貢米増収は避けて通れない財政再建の根本であった。

表14は改作法のあと藩の年貢米収入がどれくらい増えたか、一六四六年（正保三）と一六七〇年（寛文一〇）の年貢収入を、給人地・蔵入地に分けて試算し、藩が獲得した年貢米高（藩の年貢米総収入）が一三万石から二七万石に、二倍以上増えたことを示したもの

である。

　試算にあたり、給人地総年貢(ア)は前田領全体の平均税率で算定、給人が実際に得た給人手取米(イ)は給人平均免の地域偏差を平均化した三七%と四〇%をもとに試算した。また一六四六年時点の給人平均免は全村で実施されていないが全村適用とみなした。それゆえ給人手取米(イ)は若干誤差を含むが、給人平均免で得た給人の手取米収入は、藩が給人地で徴税した総年貢より少なく、その差額が藩に吸い取られたことは了解できよう。藩財政の増収分は、蔵入地での増収一〇万石に給人地での増収差額四万石(エ)が追加され一四万石になったと推定できる。給人地での増収差額は、今後給人の手取り年貢などが明確になれば修正されるが、大きな誤差はないとみている。

　藩の実高は改作法後に約二一万石増え、平均年貢率(税率・免)は四一%から四八%に増税された。蔵入地の総年貢だけで一〇万石も増加し、これに給人平均

給人手取米と給人平均免	蔵入地総年貢	給地から藩庫移転分	藩の年貢米総収入
(イ)	(ウ)	(ア)−(イ)=(エ)	(ウ)+(エ)
0万石(37%)	10万石	3万石	13万石
3万石(40%)	20万石	7万石	27万石

本藩からみた日本近世』(吉川弘文館, 2021年).

表14　改作法後の財政拡大

年　次	実　高	総年貢高	年貢率	給人地高	蔵入地高	給人地総年
	A＋B	(ア)＋(ウ)		A	B	(ア)
正保３年(1646)	104万石	43万石	41%	80万石	24万石	33万
寛文10年(1670)	125万石	60万石	48%	83万石	42万石	40万

（注）拙著『加賀藩改作法の地域的展開』（桂書房, 2019年）掲出表などによる.
数字は概数で示した. 作表経緯などは拙稿「知行制改革の比較―加賀藩と熊本藩

免制の全面実施により給人地で増収差額四万石を加えた。そのカラクリは平均七%アップのうち三%は給人平均免に上乗せし、残り四%分を藩財政に繰り入れたというわけだ。

この一四万石増収は改作法の果実であり、敷借米など救済米・銀二〇万石の先行投資の見返りであった。知行取家臣の手取り年貢は三万石増えたが、藩の一四万石増収と比べれば、藩財政強化は明確だ。

利常死後、五代綱紀による寛文農政の課題は、この蔵米二七万石を長期的かつ安定的にいかに堅持するか、また高値で販売し藩財政を強くするかであった。そのための布石は、大坂市場への販路拡大、航路開発というかたちで、すでに光高死去の頃より利常は手配していた。上方《かみがた》・大坂市場への蔵米販売は熊本藩細川家・福岡藩黒田家など、財政策に目ざとい藩はすでに試行していたが、利常もぬかりなく大坂での蔵米販売、これを「大坂登米《のぼせまい》」というが、その地ならしをした。大坂登米が急拡大するのは利常死後だが、隠居後の正保年間より徐々に大坂廻米を拡充していた。

新川郡の手上免による増税年貢は一六五六年（明暦二）分のみでいえば約一万九〇〇〇石であったが、その五七％は「大坂登米・運賃」に支出され、残り二三％は作食米や風損村の救済貸米に、二〇％は給人増免分に使われた。大坂市場への販売に新川米が約一万石も回漕されたことが明瞭にわかる（木越隆三『加賀藩改作法の地域的展開』表6－13）。増収年貢米の主な販売先は大坂市場しかないと、利常はこのときすでに確信していた。

改作法で得た増収年貢一四万石の大半は、その後、大坂登米に振り向けられた。綱紀時代のことになるが、寛文・延宝期の大坂登米は連年二〇万石～三〇万石にのぼり、そのなかには給人米も含まれていた。この頃、大坂・京都を中心とする上方米市場が急拡大し全国の蔵米・蔵物《くらもの》（幕藩領主が獲得した年貢・貢租）が大量に回漕された結果、幕藩制的全国市場が確立したという。西廻り航路開発以前であったが、利常は幕府に先駆け日本海経由の大坂航路の開発に取り組み、のちの北前船《きたまえぶね》航路の先駆けとなった。大坂中心の市場経済形成に加賀の蔵米三〇万石も一役かった。利常の経済をみる目は確かで先見性があった。

給人平均免制が知行取家臣ほぼ全員に適用され前田家の地方知行は形骸化した。給人が受け取る手取り年貢は、藩が決めた平均免三六％（加賀知）・四一％（能登越中知）を組み合わせて支給されたが簡単にいえば、知行高のほぼ四〇％が手取り年貢として（表14(イ)）安定的に知行取に保証された。凶作・飢饉で自分知行所が減免となっても減免分は藩が保証し補塡したから、他藩の地方知行と比べ格段に優遇されていた。この給人手取り年貢の徴収は、十村を中心にすえた統一的徴税機構によって実現された。

十村に託された近世的行政

この徴税機構は十村制度と呼ばれるが、領国における地域行政機構と評価できるものであった。十村の上に人別支配など郡行政一般を担当する郡奉行、百姓持高（土地）の管理と徴税を担当する改作奉行がおり、いずれも算用場という藩財政の中枢を担う役所のなかに置かれた。個々の村は十村支配の下で村請支配を担い、納税のほか治安・警察から戸籍・生活指導まで民政全般に責任を負った。村はいくつかの組合に編成され組合頭や長百姓が村肝煎を補佐した。こうして前田領一二五万石のうち八三万石に及ぶ知行地の年貢徴収と支配は、蔵入地同様、十村制という統一的地域行政機構に委任された。

十村制度の始まりは一六〇九年（慶長一四）に遡るが、利常の寛永農政では郡奉行とともに給人支配の不法・苛政排除に尽くしたことは既述のとおりである（七八ページ）。改

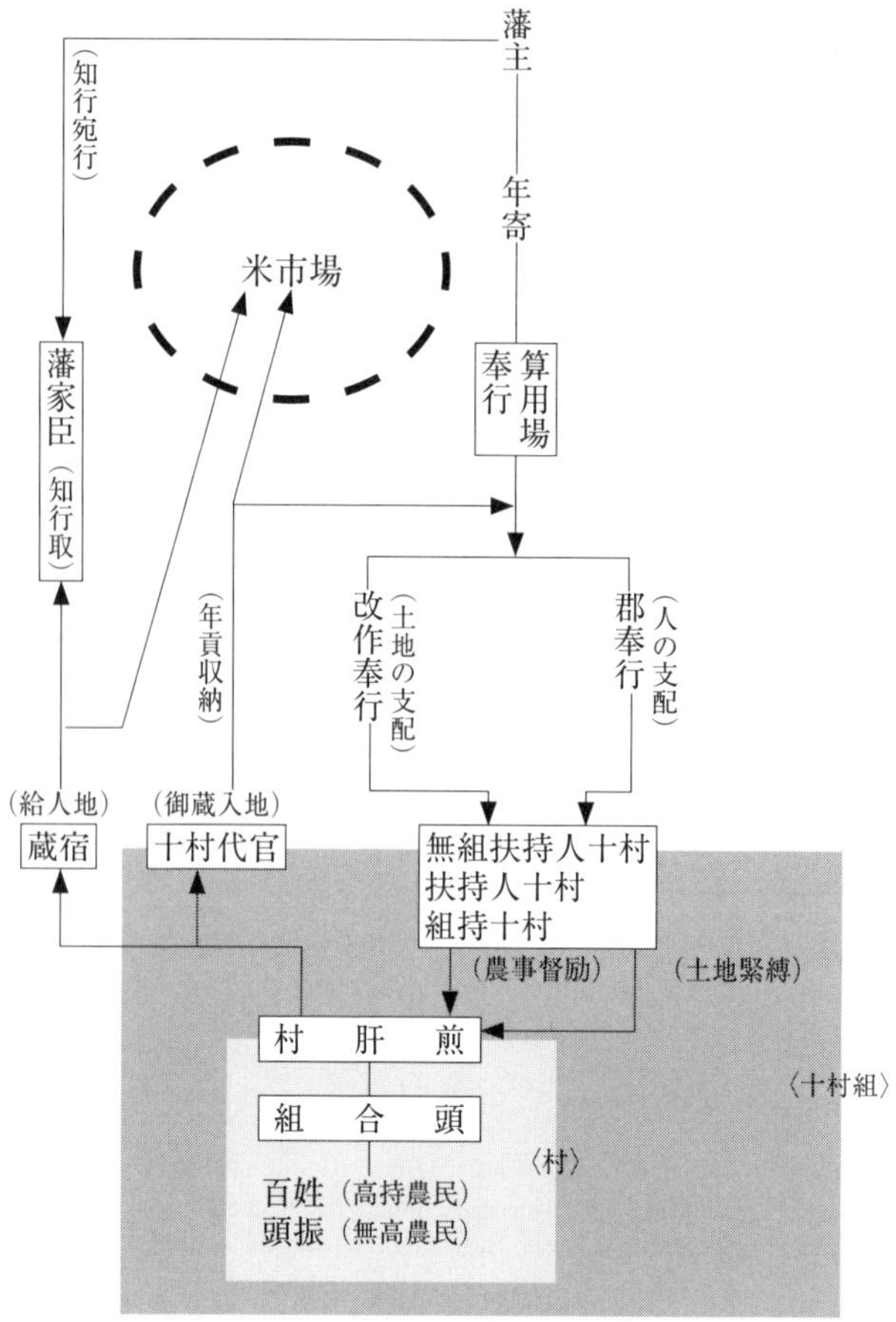

図19　加賀藩農政支配系統図

（注）拙著『加賀藩改作法の地域的展開』（桂書房，2019年）掲載図をもとに作成．下向き矢印は支配関係，上向き矢印は年貢米の流れを示す．

作法の推進にあたり利常は彼らを大胆に登用し、侍代官に代わる農政官僚として縦横に使った。とくに開作地では農事指導の責任者として村廻りを励行させ、種蒔き・田植え・草取りの時期を失することがないよう鍛え上げた。風水害が出ればすぐに報告させ、秋には作柄見分を行い皆済の見通しが報告された。手上高・手上免の査定も行い村の相談役ともなった。一六五六年（明暦二）村御印発給の頃、十村は七〇組に七〇人配置され、藩から扶持米支給された扶持人十村も含まれていた。ほかに組裁許を免除された無組扶持人十村がおり、三州十村頭に任用された嶋尻村刑部などは小松城に頻繁に出仕し指導的役割を果たした。一六七〇年（寛文一〇）以後一八世紀になると、組裁許の十村数は八〇人程度で推移する。

改作法の正念場は明暦村御印発給に伴う手上免査定であったが、各郡の十村、なかでも利常から信任を受けた扶持人十村たち一四人が精力的に働いた。彼らは自分裁許の十村組で毎年数回村廻りしたほか、他郡の開作地でも農事指導を行い、地域農業の全体をみる目を養っていった。そのうえで村側に手上免を促し、利常とその妥当性を議論した。

利常が小松城にいるとき、彼らは城内に詰め各郡の開作地の様子をこと細かに報告した。扶持人十村らの意見は、利常の小姓（近習）中村久越《なかむらきゅうえつ》・品川《しながわ》左門《さもん》・竹田《たけだ》市三郎《いちさぶろう》・古市《ふるいち》左《さ》近《こん》らが取り次いだ。彼らが十村たちにいい負かされると利常から失笑され、利常の反論をもって十村たちの部屋にゆき議論が続いた。

利常が参勤中、扶持人十村衆は金沢城に集まり、利常の参謀役をつとめた津田正忠《つだまさただ》・前田孝貞《たかさだ》・奥村庸礼《おくむらもちひろ》の三年寄から利常の御意を受け、各郡の開作地に下向、村の救済と年貢完納に尽くした。こうした経験を積んだ結果、「御開作」開始から間もない承応年間より、順次十村代官に登用され、蔵入地の徴税と蔵米支出の責任者となった。侍代官は一部で残ったが、百姓身分の十村を代官に抜擢したことは改作法の重要な特色で、その後、加賀藩十村制度の特色となった。その郡に十村役として適任者がいなければ、他郡へ引越しが命じられ、改作法の期間中に多くの引越十村が生まれた。大庄屋制度は全国各地にみられるが、引越十村と十村代官は加賀藩の特色であり、綱紀時代以後の十村の農政官僚化を大きく前進させる原動力であった。

藩農政を一手に任された十村のなかには、利常の「御開作」中に限ってのことだが、鑓や馬を拝領し改作奉行（開作地裁許人）に登用された者もいた。石川郡の御供田村《ごくでんむら》勘四郎や新川郡の嶋尻村刑部などはその代表で、のち百姓身分かどうか混乱も起きた。しかし綱紀は一六八九年（元禄二）、十村は世襲身分でなく一代限りの百姓の職席と断言した。

計算づくの税率査定と「開作入用図り」

利常は手上免にあたり百姓経営の経営費や労働力の調査を行い、これをもとに村御印に明記した村免が妥当かどうか検証していた。明暦村御印の書面上の発行年月は「明暦二年八月朔日」であったが、実際に村方に渡されたのは同年一〇月頃で遅い所では一一月になった。すでに納税実務が始まっており、その頃敷借米の全部または一部を返済免除する御触も出た。これは皆済にむけ励みになった。

しかし手上免査定は遅れに遅れ、一一月ようやく村御印発給が終わったので手上免の増税分のみ追加納付が要求された。最終的な年貢皆済は翌年四月となった。

明暦村御印にもとづいた年貢皆済が叫ばれるなか、利常は十村たちに「草高百石開作《かいさく》入《にゅう》用図《ようづ》り」という農業経営の必要経費の試算データを数種類作成させた。村御印に示した村免（税率）が村柄に合致したものかどうか、また開作地での救済効果を知るための調査であった。前年（一六五五年）、砺波郡の扶持人十村に命じ、戸出新町《といでしんまち》という村で上田・中田・下田それぞれ三反選び、春から行う予定の耕作で、①よく手入れする、②おおむねよく手入れする、③手入れは粗相にという三とおりの仕方で一反ずつ米作りさせた。その試作田九反の米収量を秋に集計すると九反合計で一〇石八斗、反当たり一石二斗になったという報告を年末に受けた。

藩の検地基準では田畠九反ならば反当たり一石五斗代なので一三石五斗の米生産となるべきところ、試作の結果は一〇石八斗にとどまった。こうした農家経営の実態調査を領内各所で行い、村免の査定に上げ過ぎや手ぬるい所がなかったかを点検した。

こうした点検作業を裏付ける史料として、一六五六年（明暦二）八月から翌年三月にかけ作成された「草高百石開作入用図り」という史料が四種類、二〇点以上今も残っている。そのうち三ヵ国全体の標準的経営費モデルと能美郡限定の経営費モデルを表15に掲げた。

種籾代・肥料代・農具代・馬飼料のほか男・女の労働力の経費は給米と飯米に分け計上している。草高一〇〇石の農業経営は、能美郡以外では、田六六反二〇〇歩を耕作する経営であり、男女一二人と馬四疋投入した経営とみて経費を調べ、全部で七一石八斗とする。このうち五二石余が人件費と馬飼料であった。

明暦村御印によれば、草高一〇〇石に対し平均税率の四八％と口米《くちまい》・夫銀などの付加税が加わり、五二石以上の貢租負担が上乗せされる。経営費七一石八斗に貢租五二石余を加えると一二四石余の米生産がないと大赤字となる。つまり草高一〇〇石モデルでいえば約六七反の耕地で一二四石の収量、反当たり一石八斗五升以上の収量がないと経営は成り立たないことがわかる。反収一石五斗では経営破綻となる。この「開作入用図り」は一六五七年三月一八日、小姓中村久越に提出され利常に渡った。村御印による全村皆済報告があ

表15 「草高百石開作入用図り」の経営費モデル

三ヵ国全体のモデル		能美郡のモデル	
費　目	米　高	費　目	米　高
種籾(７石)代	３石５斗	種籾代	２石
肥料代	10石	肥料代	５石
農具代	２石８斗９升	農具代	２石３斗
馬飼料4疋	10石５斗６升	馬飼料３疋	４石
男８人給米	16石	男６人給米	７石５斗
女４人給米	４石	女３人給米	２石１斗
男８人飯米	17石２斗８升	男女飯米	16石７斗４升
女４人飯米	４石３斗２升	野菜大根畠代	２石
塩味噌・薪代	３石２斗５升	塩味噌・薪代	４石
		さつき遊日入用	２石
		着類・茶代	３石２斗
		培土などの堀立	４石２斗
		鍬米肝煎走手間	１石
合　計	71石８斗	合　計	56石４升

った頃のことである。

このような経営費調査を実施した利常のねらいはどこにあるのか。確たる指摘はなされていないが、多面的に考える必要がある。今後、男女一二人の給米・飯米四二石を大幅に切り詰め、馬四疋の飼料など削減する必要があるといいつけたかもしれない。

能美郡限定の草高一〇〇石の経営費は一六五七年三月一三日、能美郡十村埴田《はねだ》村五郎兵衛から出されたが、必要経費の合計は五六石であった。労働力が男六人・女三人と少なく馬も三疋であったから経営費は大幅に低減した。反収が一石七斗と高い郡なので、草高一〇〇石に対する耕作面積も五九反程度に抑えられ、人件費・経営費は大きく縮減できたのである。さらに、田植後の慰労と遊び日の経費二石、衣類・茶代三石二斗が計上されているのが注目され、利常の要求した勤倹節約と齟齬する。だが勤勉のなかの慰労費として容認したのであれば面白い。

能美郡の村御印税率は四四％だから、税額は四四石となり経営費五六石に加えるとちょうど一〇〇石となる。能美郡は検地基準どおりの米生産が達成できれば、経営モデルにおおむね合致する。しかし能登四郡の「開作入用図り」では経営費は七八石であったから、反収が二石以上ないと大赤字となる。経営費の大幅削減で乗り切ったのであろうか。

「そろばん侍」と勤勉の要求

「開作入用図り」については戦前期より注目され、農業経済史の研究においても古くから活用されていた。しかし「開作入用図り」を経済史研究において活用するとき史料批判が不可欠である。利常はどのような意図をもって、どんな百姓を選び調査させ草高一〇〇石という抽象的経営モデルを作らせたのか検討が十分でないからだ。砺波型・能美型という経営類型をかつて析出した佐々木潤之介説（佐々木潤之助『大名と百姓』）に対し髙澤裕一の批判（髙澤裕一『加賀藩の社会と政治』）があるが、その後こうした検証は止まったままである。

少なくとも各種の「開作入用図り」史料の背景に、多数の個別経営費調査があったことが推定される。これを担った十村と改作奉行の下で経営モデルや経営費の算用を担当した下役が存在したことも想定できる。利長時代から前田家に算用衆がいたというが、改作法直後、一六六一年（寛文元）の算用場に算用者という御歩《おかち》並み待遇の藩士が総勢七四名おり、このうち一六人は「大算用場」所属で、会所に一〇人、諸役所付き七人などが配置されていた。江戸屋敷や大坂の蔵屋敷などにも約二〇人派遣されていた（「古組帳抜萃」加越能文庫蔵）。磯田道史が紹介した加賀藩算用者猪山家の人々は加賀藩の「そろばん侍」として著名だが（磯田道史『武士の家計簿』）、その先輩にあたる。利常の改作法遂行にあたって、経営モデル計算など計数処理に精通した算用者が活躍したことはほぼ間違いない。

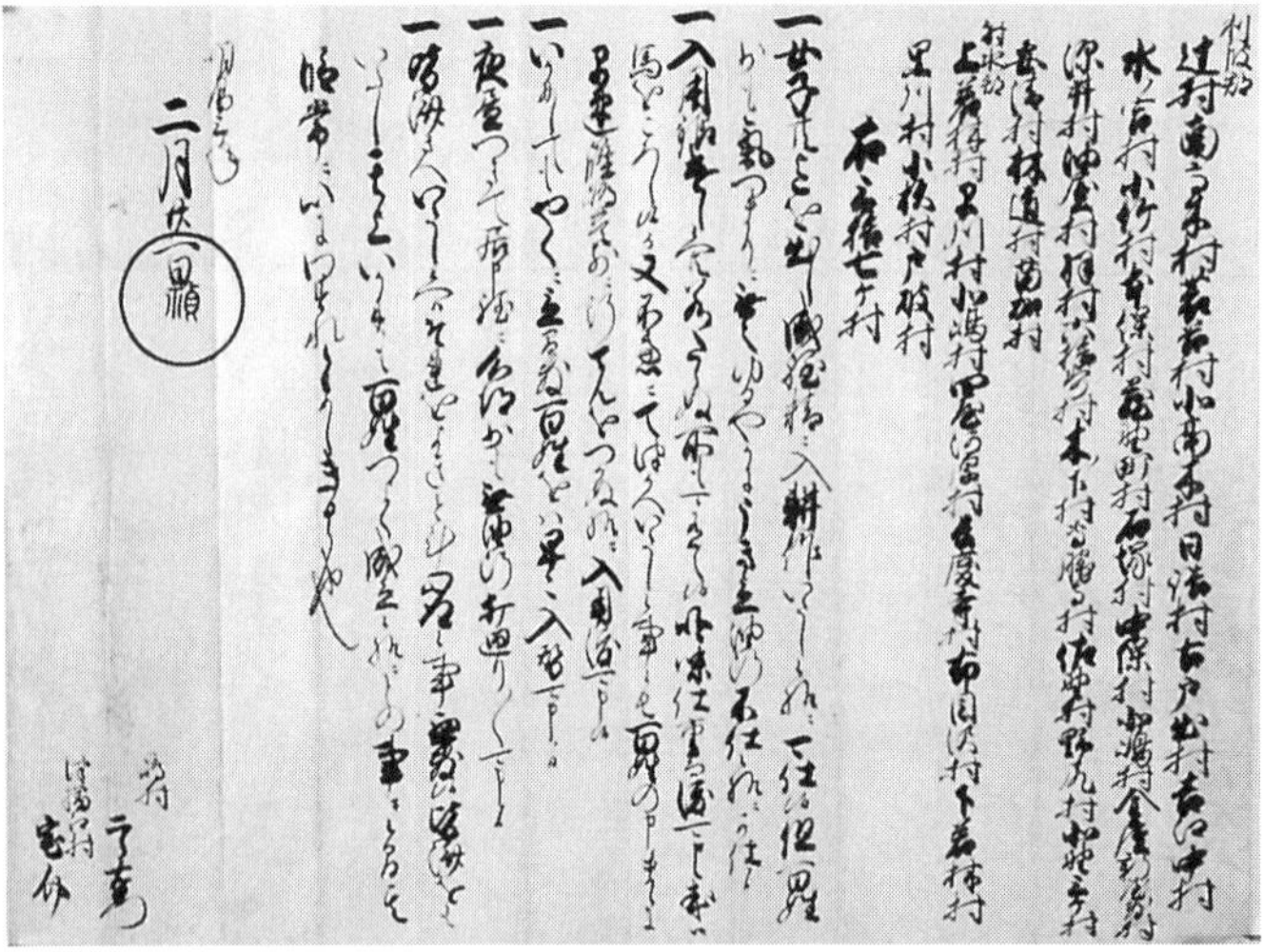

図20　青葉の御印（折橋禮一所蔵）

「開作入用図り」の背後に、算用場奉行の下に置かれた算用者がおり、彼らは手上高・手上免など財務関係の計数処理に欠かせない存在であった。改作法を機に税収見込み、蔵米販売などで経済統計を駆使し財政実務が展開した点も改作法の意義として注目すべきである。利常は、こうした経営費調査をもとに反収増の目標を定めたほか、経営費圧縮の必要も確認できた。こうした数字をもとに、百姓らにあからさまに倹約と勤勉を要求した。

一六五七年（明暦三）二月発布の「青葉の御印」は、改作法精神を簡潔に示した利常の触れとしてよく知られる（図20）。越中射水郡の十村宛の条書だが、とくに冒頭の「女・子供まで働きに出し、耕作に精を出すべし。ただし、気詰まりにならぬよう、またゆるやかに浮き立つように、また油断せぬように」と述べた箇条が著名である。

しかし、これに続き、「役に立たない百姓は早々に入れ替えるべし」「十村は昼夜の別なく、百姓に付き添うがごとく村廻りを油断なく行うべし」「年貢皆済できれば、それでよしと思わず、皆済したうえでさらに、いかにも百姓つよく成り立ち候ように」と十村と改作百姓に叱咤激励する。百姓らの勤勉を極限まで求めたものといえ、改作法後の前田領の農民たちは勤勉地獄に追い込まれた。

たとえ苛酷な村高・税率であっても、勤労意欲を持って農作業を行えば増産可能であるという信念が利常にあった。つまり「百姓は太りすぎても駄目、痩せすぎても駄目」（「微陽両公遺事」『御夜話集』下）という信念である。百姓に勤労意欲さえ与えれば相当な増税でも負担可能と考えた。その裏付けは「開作入用図り」の数字であった。利常独自の計数解釈で勤勉と節倹が要求された。

郡中御影と隠居領の減免策

利常は一六〇五年（慶長一〇）に藩主となるまでの数年間、前田長種《ながたね》らと小松城に居た。小松に隠居所を構えた理由の一つといえよう。青年期に過ごした小松と能美郡の風土を熟知していたから、隠居を許されたあと江戸で半年以上養生しながらも、新しい城作りと城下建設につき、あれこれ指示を下した。

隠居領は小松城を中心に郡の東南部一七〇ヵ村に及び、白山麓の「山内」も含まれる。山内は手取川上流沿岸にあり、中世は「山内庄」「山内組」と呼ばれた山間地だが、越中五箇山とならび教如派の真宗門徒が多い地域である。大坂退城後の教如が潜伏し、ともに信長との戦いに奮闘したという伝承があり、国史跡鳥越城（現白山市）は彼らが籠城し抵抗した城として知られる。

一五九三年（文禄四）、教団別立を決断した教如は「能美郡四日講惣道場」と「能美郡四日講中」あてに親鸞《しんらん》画像と顕如《けんにょ》画像を下付し石山合戦時以来の功労にこたえた。この二つの画像は、近世を通し能美郡の百姓門徒にとって戦国期一揆衆の功績を本願寺が認定したシンボルとされ、「郡中御影《ぐんちゅうごえい》」と呼ばれ東派・西派を問わず真宗門徒結束の紐帯となっていた。現在は小松市勧帰寺にて所蔵するが、近世を通し小松本蓮寺や勧帰寺・勝光寺・本覚寺など有力六ヵ寺が持ち回りで郡中御影を保管し毎年夏、郡内を巡回した。近世能美郡門徒の精神的支柱であった。

利常は能美郡で他郡同様の救済を進めたと推測されるが、一六五六年（明暦二）の村御印発給にあたり、他郡にみられない優遇を実施した。隠居領一七〇ヵ村の明暦村御印を克明にみていくなかで看取できたことだが、従来の村免を「引免」する、また手上免を一年猶予するなどの減免措置が山内とその周辺に分布する一五ヵ村ほどに集中し確認された。とくに村免の引免は他郡ではほんの数%しかない希少例である。こうした減免が隠居領一七〇ヵ村の一二%、二〇ヵ村でなされた。この減免実施率は最も高率であった。これらの減免村では小物成銀の免除もあり、経済的困窮が著しかったこともわかる。

「御開作」は能美郡山内三一ヵ村から始めたと、利常の『御夜話集』(「拾纂名言記」)に記述される。園田左七などの奉行三人に与力・足軽が従い、敷借米や年貢未進分をすべて免除したという。借銀・質物などの穿鑿《せんさく》を行い、貸主を小松城に召し寄せ奉行の前で破棄させたとも記す。それでも経営再建できない百姓は追出百姓にすると脅した。三一ヵ村の救済のため銀九〇貫目余を利常の御蔵から出費し、「山内」の「御開作」は「成就」されたとしめくくる。こうした記述に真偽定かでない点もあるが、明暦村御印に記された減免措置は、これと関連する事柄であり、白山麓の真宗東派門徒の密集地域「山内」では、村の困窮が著しいゆえ、利常は格別の救済をしたことは間違いなかろう。その意味については最後にふれたい。

利常の死去と小松城・江戸城天守台

隠居と同時に利常は能美郡小松の河口湿地で新たに小松城を築いた。湖水のなかにいくつか浮島を配置した城である。ここで御亭・遠州屋敷などを造営し庭作りにも励んだ。四〇〇〇人もの家臣が隠居の家来となり金沢から移住してきたので、街路など城下町のインフラ整備も行った（図21）。利常死後もこの隠居城を、幕府は支城として存続を認めたので城代や城番が置かれ、前田本藩領では金沢と小松が維新まで城下町であった。

利常が村御印にもとづく年貢皆済を老中松平信綱に報告したのは一六五七年（明暦三）四月のことであった。その年正月、江戸では明暦の大火が起き江戸城は丸焼けとなった。将軍家の安否を気遣い出府しようとしたが幕府から止められ、三月末に小松から参勤した。

大火のあとの復興のなか同年九月、幕府は江戸城天守の再建を期し、天守台石垣普請という名誉ある公儀普請の命を前田綱紀に課した。これは三年前の一六五四年（承応三）に元服した綱紀（一二歳、正四位下権少将兼加賀守綱利）が公儀御用にデビューする最初の大仕事であり、利常はこれを無事済ますため金沢・小松の年寄衆に厳命を下した。この普請中の一六五八年（万治元）七月保科正之の娘が綱紀のもとに入輿した。利常は自分死後の綱紀後見のことを考え、保科家との縁辺をまとめたのである。こうした点もぬかりない。

一六五七年の末から普請人足一万人のうち四〇〇〇人を領内の村々に割り振り、資材の手配など準備におわれた。五八年九月初め、天守台石垣の完成を見届けると利常だけ早々に帰国した。九月二一日に小松城に入り、一息入れる間もなく隠居領の皆済状況の確認や減免指示にあたり、大坂登米のことなども指示した。村御印の改訂も計画していたが、一〇月一二日の夜中、城内の御用の間付近の廊下で倒れた。医者が駆け付けたときは脈が切れていた。急死である。直前に改作奉行として功績のあった伊藤内膳《いとうないぜん》に五〇〇石加増を申し渡し、機嫌よく寝所に入ったというから、死去直前まで改作法の改善に余念がなかった。

葬儀と火葬は一一月三日、能美郡河田《こうだ》村地内の三宅野《みやけの》にて挙行された。綱紀の名代、二男利次《としつぐ》はじめ一門の面々、小松家老・家臣ほか金沢の年寄衆などが集まり荼毘に付された。導師は金沢宝円寺がつとめ、利常が目をかけていた小松国松寺《こくしょうじ》などがかけつけ死後ずっと諷経《ふぎん》をつとめたという。遺骨は菩提寺の宝円寺に納めたほか、分骨は小松国松寺から高野山に納められた。三宅野での葬儀のあと一一月六日から七日間宝円寺で法事が執行された。能美郡三宅野は利常の灰塚とされ、今も遺跡として残る（図22）。

藩政に偉大な足跡を残した藩主の死去であるが、葬儀などは簡素であった。家督と政権を移譲された綱紀（一六歳）は利常帰国後、天守台石垣の完成を幕府に報告、見分を受けたあと普請惣奉行の本多政長《ほんだまさなが》ら年寄衆を引き連れ登城し、将軍から賞詞を受けた。

利常逝去の見舞いの使者は老中松平信綱がつとめ、将軍家綱の名代として本郷邸を訪問。金沢にも将軍名代の御上使が下向した。利常の葬儀や遺物配分のあと綱紀に隠居領二二万石を合わせた一〇二万石の相続が公認され、保科正之が後見役についた。新たな前田家当主、五代綱紀の親政が始まる。しかし一六六一年（寛文元）まで江戸にあり、舅正之の助

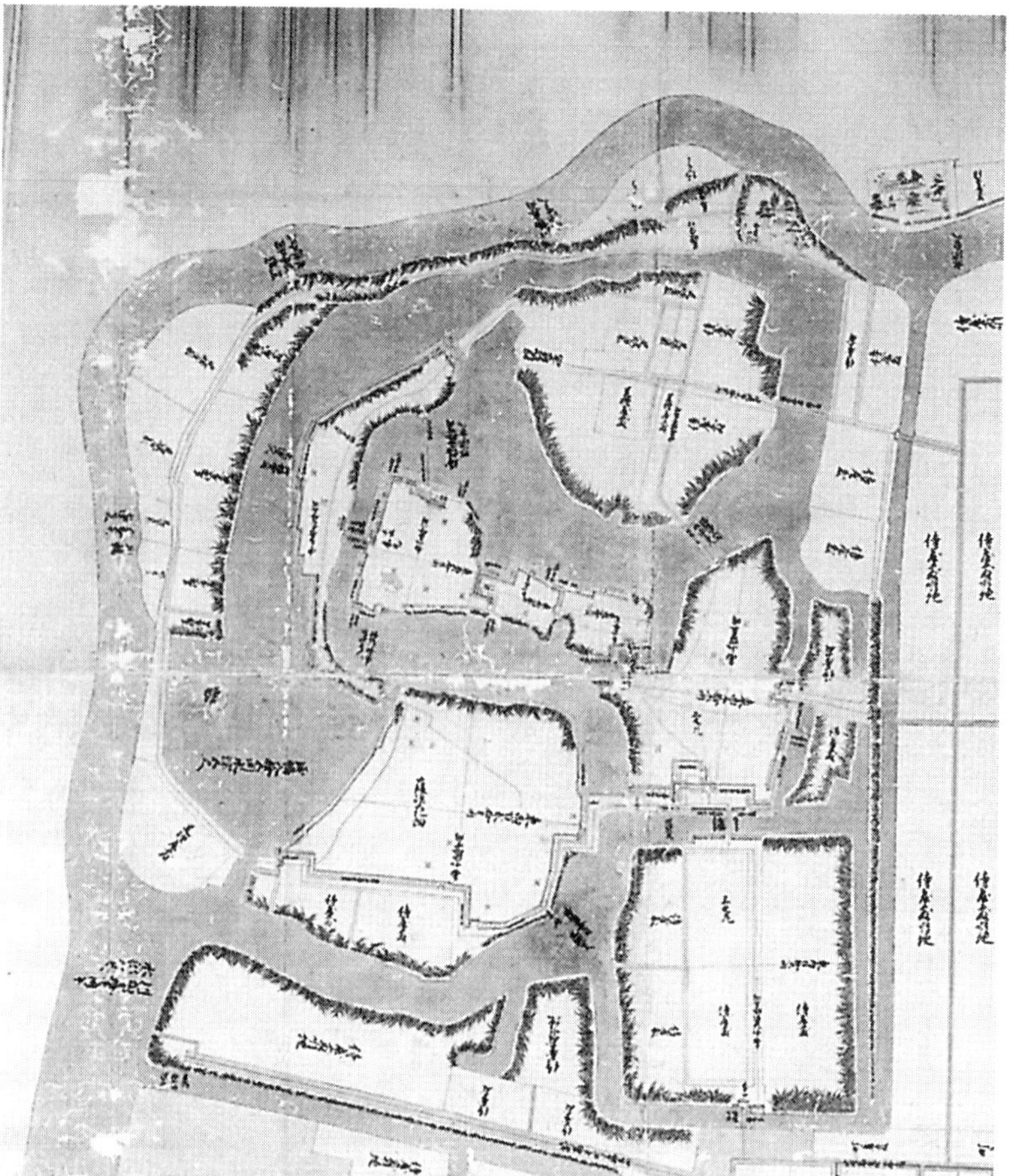

図21　小松城の縄張図（「小松御城中幷侍屋敷町共之絵図」より，金沢市立玉川図書館所蔵）

◀図23　小松城天守台の数寄屋建物立面図（「小松城御本丸御櫓絵図」より，金沢市立玉川図書館所蔵）

図22　前田利常灰塚（小松市）

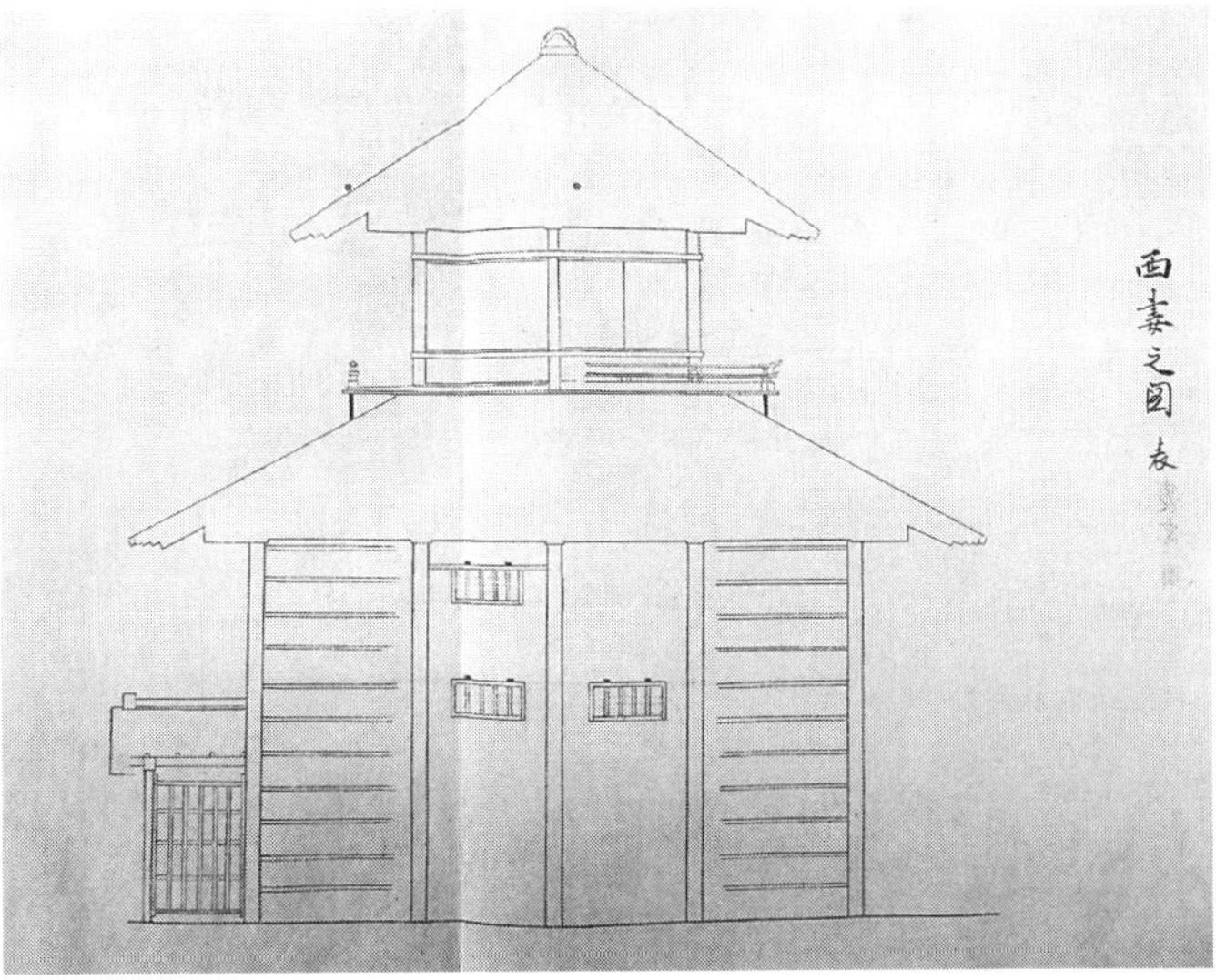

図24　江戸城本丸跡天守台石垣（東京都千代田区）

言のもと、利常死後の年寄衆の職務分担などが江戸からつぎつぎ国元の津田正忠ら三家老に指令された。本多政長・奥村栄清《おくむらながきよ》・今枝近義《いまえだちかよし》の三人が綱紀の側に付き従い補佐した。利常から寵愛された小姓竹田市三郎・品川左門・古市左近はじめ多くの殉死者があった。

利常の遺した小松城の庭園や数寄屋はのち順次撤去されたが、小松城本丸の御殿脇にあった天守台に異様な二階建ての数寄屋建物があった。その立面図（図23）をみると天守台とは不釣り合いな展望のきく楼閣で上階に茶室があった。天守台に数寄屋風の楼閣という不思議な城作りをした人物であった。なお利常と綱紀が精魂こめ一六五八年九月に完成した江戸城天守台石垣は、現在も江戸城本丸跡に凛として残る（図24）。この上に建造予定であった天守閣は保科正之の建言などで建設中止となり、天守なしの天守台石垣として維新を迎えた。小松城天守台（現県立小松高校敷地）と江戸城天守台は利常政治を振り返るに適した文化遺産である。

一揆の国の近世化——エピローグ

現実を直視する合理精神

前田利常《まえだとしつね》の手足となって開作地の農事指導や手上免《てあげめん》査定の最前線に立った各郡の十村《とむら》たちは、利常在府時は金沢城の改作法《かいさくほう》担当の年寄衆、津田《つだ》正忠《まさただ》・奥村庸礼《おくむらもちひろ》・前田孝貞《たかさだ》らのもとに詰め、また改作奉行の伊藤内膳《いとうないぜん》邸などを訪問、内談を重ね御用に励んだ。こうした公務のあと、彼らは金沢近郊の石川郡十村御供田村勘四郎《ごくでんむらかんしろう》宅に集まり、互いに「御開作」の成果を語り、各郡の農村経済を比較するなど炉辺談話に花をさかせた。

利常が死去した一六五八年（万治元）の春頃、たまたま勘四郎宅に集まった十村一二人が、手上高《てあげだか》や手上免の査定を反省しながら、今後各郡の農村経済がどうなるか、それぞれの立場から将来像を語り合った。御供田村又三郎《またさぶろう》執筆の『三州十村改作初物語』（『金沢市史』資料編九）に、その様子が詳しく記され、古くから注目される書物である。

「能美《のみ》・石川両郡は地形が狭くみえ、のちのちの発展は見込めない」という発言に対し「城下町金沢の近郊にある石川・河北《かほく》両郡は、城下での屎《こえ》取りなどで肥料に恵まれ、糠《ぬか》・藁《わら》・土・石・砂までも販売先があるので、ひどく難渋することはない」などの反論が出た。また、「百姓は農外の稼ぎに出ると、農業が麁末《そまつ》となるから避けるべきだ。余業に励むことは天理に背く」と論ずる十村もいた。又三郎はのち勘四郎の跡を継ぎ一六六四年（寛文四）から十村となり退任後の一七〇七年（宝永四）、藩を代表する農業技術書『耕稼《こうか》春秋《しゅんじゅう》』を著わした。『耕稼春秋』は加賀平野での農業経験に即し独特の輪作技術を体系的に叙述した点などが評価されている。又三郎の著作の根底に、若き日父の家に集まった十村らが改作法の苦労話、またあるべき農業や将来像を熱く語り合ったのを聞いた経験があった。

土屋又三郎ら加賀藩の十村や篤農が執筆した農書は、表16のように二〇点近くあり、加賀は農書の宝庫ともいわれる。前田領の農書の特徴は、利常の「御開作」と「草高百石開作入用図り」の作成に促された面があり、間違いなく影響を受けている。十村たちに農業経営を合理的に考える姿勢を促したのである。生産の現実を直視し経営合理化を求める視点が改作法にあったからだ。藩の算用者という下級藩士の数理処理や統計作りが、こうし

表16　加賀藩領の主な農書

	成立年	書名・著者名
1	宝永4年(1707)	『耕稼春秋』土屋又三郎著
2	宝永4年(1707)	『耕作私記』土屋又三郎著
3	宝永6年(1709)	『農事遺書』十村鹿野小四郎著
4	享保2年(1717)	『農業図絵』土屋又三郎著
5	正徳〜享保年間	『作方覚書帳』十村田井村（田辺）次郎吉著
6	天明元年(1781)	『耕作大要』十村福留村六郎左衛門著
7	天明5年(1785)	『年中農事覚書』著者不明
8	天明5年(1785)	『養蚕私記』宮永正運著
9	天明8年(1788)	『私家農業談』宮永正運著
10	文化13年(1816)	『農業談拾遺雑録』宮永正好著
11	寛政7年以後	『農業開奮志』村松標左衛門著
12	天保8年(1837)	『耕作仕様考』十村五十嵐篤好著
13	天保年間	『村松家訓』村松標左衛門著
14	文政末・天保年間	『工農業事見聞録』村松標左衛門著
15	天保初年	『民家検労図』十村北村与右衛門著
16	文政〜天保年間	『農業大綱』著者不明（十村岡部家所蔵）
17	文政〜天保年間	『開作仕様』著者不明
18	文久2年(1862)	『養蚕規範』石黒千尋著

(注)　清水隆久『近世北陸農業史』(農山漁村文化協会，1987年)，『金沢市史(通史編2)』(金沢市，2005年) 675頁による．

た気風を助長した。利常独自の現実的合理主義（レアリズム）の所産といえる。

読書や書物に依存しない、農業生産の実際から立ち上がってきた合理主義である。最大限の年貢搾取を志向する封建領主の貪欲さも動因であったが、倫理・道徳は語らず、生産現場の実力を重視し、権力的な恫喝も加えた。武士的な乱暴さもある合理主義だが、本書では効用面に注目した。

親鸞の教えは我らに都合よし

改作請書の節約条項で利常は、仏事・葬礼・嫁取などの贅沢を厳禁、物参りや諸勧進、頼母子《たのもし》なども「百姓成り立ち」のため控えるべきと要求した。能登民衆の信心深さは第三章「一揆の国での国づくり」で紹介したが、こうした誓約書を十村に提出したからといって仏事・葬儀・法事・勧進などの出費を抑え、簡素にしたとはとうていいえない。むしろ、厳しい重税に耐えながら、生活を切り詰め秘かに寺社や勧進人に懇志や寄付を届けたのではないか。近世初頭より前田領の門徒たちは東本願寺や西本願寺に莫大な懇志を献金していた。

近世真宗教団は「掛け軸教団」あるいは「五尊教団」とも呼ばれる。真宗の坊主たちは、本願寺の東西分裂以後、東西別々の教団に組織されていったが、その過程で順次寺院として公認された。門徒中・講中が坊主の指導のもと支えていた惣道場が近世寺院に認定されるにあたり、東・西本願寺の宗主から下付される五尊と呼ばれる宝物をそなえることが重要な要件となっていたからだ。

五尊とは、①木仏（阿弥陀如来像）、②親鸞《しんらん》画像（宗祖御影）、③聖徳太子画像、④七高僧画像（親鸞が祖師とした竜樹・世親・善導から源信・法然までの高僧）、⑤前住画像（本願寺歴代または前宗主御影）のことで、多額の懇志を本寺に献金し五尊を拝領すると近世寺院と認定され、宗判権の行使もできた。寺号や袈裟なども相当の金子を納付し得た。院《いん》家《げ》・内陣《ないじん》・余間《よま》以下飛檐《ひえん》・平坊主・総坊主など寺院の階位も万治年間には整い、寺格を上げるのも献金次第であった。懇志を本山に上納するまでに取次をした上寺・金沢坊、本山の家老衆などが取次料を取ったが、これらすべて寺の檀那となった門徒中の献金で賄われた。

近世真宗寺院は当初から門徒から懇志を吸い上げる組織を形成していた。利常は真宗教団が多額の懇志を吸い上げてゆく現実にいち早く気付いた。宗主が地方を巡回すると、群参する善男善女が「生き仏」として崇敬するのをみて、利常は苦々しく「こじき坊主めを、何拝み申すべき候や」と漏らしたが、翌日同じ光景をみて「さてさて、誰も（生き仏には）成れまい」（「微妙公御発語」『御夜話集』上）、門跡ゆえと脱帽しているが、こうした体験のなかで、脳裡に閃いたのであろう。

利常は「一向宗は土民の宗旨には一段よろしく候」「総じて親鸞上人は利発なる人にて

候」（「微妙公御直言」）と語ったという。なぜなら難しきことを申し聞かせる仏教では庶民は合点しない。こうした者には手短に教えるのがよいからだ。毎日の御坊詣りも夜のうちに行い、人々が稼ぎに出る前に参詣を終えているから、農作業の障りとならず都合がよいというのだ。

また、「この方の分国、大形一向宗にて候。本願寺の門跡は国守に背かぬよう教導している由」（同右）と「王法為本」の教えを小姓衆に説明する。そのうえで、国の仕置の大半は本願寺門跡がしている。「一向宗は重宝、重宝」（前掲「微妙公御発語」）と伊藤内膳に語ったともいう。

このような利常の言動から、懇志を寄付する真宗門徒のように「喜び勇んで年貢を出すようにならないものか」、そのような妄想を利常が抱いたとみても無理はない。利常は能美郡の百姓たちが毎夏、郡中御影が巡回すると熱狂的に参詣し多額の懇志を献金する姿をみていたはずだ。年貢・諸役を滞納する百姓が大勢いるのに、わずかの銭であろうが献金し、「念仏申す喜び」を分かちあっている。そのような真宗門徒の姿をみて、年貢は力づくで奪い取るものではない。それは下策で、青葉の御印で求めたごとく「ゆるやかに浮き立つように」働き年貢を済ます百姓、これこそ利常の目標であった。こうした理念を真宗門徒の動静を注視するなかで組み立てていったのであろう。

一揆の国の勤勉倫理

北陸の豪雪地帯の百姓たちは、日暮れがせまると炉辺談話と念仏に明け暮れた。日中の厳しい農作業の疲れを癒す時間が講中の寄合であった。能美郡の村々で、綱紀《つなのり》時代の一七〇〇（元禄一三）～一〇年（宝永七）頃、ある俗人坊主の語る教説が郡中御影を迎える講中で話題となり、多くの善男善女が集まった。この毛坊主の名前は白山麓、二曲《ふとぎ》村の任誓《にんせい》（俗名与三郎）といい、のち藩の法にふれるとの嫌疑がかかり十村の牢に繋がれ牢死した。教団仏教にしがみつく保守派寺院や坊主衆の妬みをかい、異端教説として教団や藩に訴えられ罪人にされた異端の百姓坊主であった。しかし、当時の東本願寺宗主は任誓の教説に感銘を受け御書《ごしょ》を与えた。藩は対応に苦慮したが、能美郡の触頭から訴訟もあり治安上の懸念から徘徊禁止とし、これに反した廉《かど》で入牢とした。

異義者任誓の思想史的意義は大桑斉が多数の論著で紹介するので、詳細はそちらにゆずり、任誓の代表作『農民鑑』のつぎの一節のみ紹介しておく。

夢幻しの身をもって、よく耕して、夢幻しの身を養ひ、夢幻しの身を育て、夢幻しの身を厭う、所作みな夢幻しにして不思議の法門に入らば、すなわち実相を証すべし、耕すもこの為、勉めもこの為なり。あに身を粉にして骨を砕きて耕さざらむや

これは利常の改作法がもたらした勤勉地獄に対し、手取谷（山内）の百姓坊主が出した

一つの回答であり、主体的な勤勉倫理として注目される。「一揆の国」での国作りの結果、農業に専念する「律儀百姓」を数多く生み出したが、農業に明け暮れる日々を念仏者として主体的にどう受けとめたのか、勤勉百姓の勤労倫理の表明がここにみられる。

既述のとおり、改作法をきっかけに一七世紀末から多くの農書が前田領の十村たちによって執筆され、農業の生産性向上に貢献した。生産拡充は毎日が粒々辛苦《りゅうりゅうしんく》の連続であった。門徒百姓の場合、念仏を申し弥陀の救済を喜んだというが、実際は簡単なことではなかった。任誓自身果てしなく続く単調な農作業、さらに洪水や日照りで作物を一瞬に失う、そうした日々を送るなか、勤勉・辛苦のなかでこそ「不思議の法門」つまり阿弥陀如来の誓願（生きとし生ける者全ての救済）に出会え、極楽往生の確信（実相）に至るというのである。そのため、明日もまた懸命に耕し、勤勉な日常にいそしむのだという。勤勉地獄のなかにこそ、悟りの種があると述べるのである。

利常がまいた改作法の勤勉奨励は、綱紀時代に藩政のバックボーンとなり、人々を苦しめたが、勤勉地獄ともいうべき粒々辛苦の日々は、「夢幻しの所業」であって、「極楽往生を確信するための大事な機縁」と説く任誓の言葉を受け止め、我慢の日々を生きた。

綱紀以後の歴代藩主の農政は、百姓・門徒の我慢と念仏の上にかろうじて成り立っていた。その結果、矛盾だらけの改作方農政に安住し、根本改革を怠ったまま一八世紀後半を迎え、藩政の基盤は大きく揺らぐ。

隠れた名君

もし利常のことを名君と呼んでいいなら、どのような面からそうした評価が可能なのか。まず一揆の国の近世化を、「御開作」という救済策、村御印税制、合理的民政機構の構築で達成した点をあげることができる。近世国家に適合した領国支配の体制を北陸の三ヵ国、一〇二万石という広大な領域にしっかり築いたことは、将軍政治の安定に大きく貢献したといってよい。

多くの国持大名《くにもちだいみょう》の領国経営は、藩財政の困窮にあえいでいたが、綱紀時代の加賀藩財政は余裕があった。綱紀が書籍集めや文治に邁進できたのも利常が残してくれた強い藩財政があってのことである。その意味で近世国家確立期を代表する模範的な国持大名であったといえる。しかし利常は、名君とは一般にみられていない。

利常は、父利家《としいえ》や兄利長《としなが》のごとく戦国乱世を生き抜いた武人派ではない。かといって光《みつ》高《たか》・綱紀のように学問や書物に親しんだ文人大名でもない。しかし、偶然お鉢が回ってきた藩主の座につくや、徳川将軍の聟という閨閥の重みを目ざとく察知した。公儀としての将軍政治を積極的に領内統治にも転用し、家中統合や家老人事で治績をあげた。それだけでなく、知行制の大胆な改革を改作法を通し遂行した。

知行制改革は、強い藩財政を前提にしないと藩も家臣も共倒れとなり、慢性赤字のスパイラルに陥る。全国的な経済動向、真宗門徒の経済活動や献金、城下町の商工民の収益の営み、鉱山町・五箇山・能登奥郡など非農業民の生業など、経済活動を幅広くみる目がないと藩財政の強化はできない。こうした点で前田領三ヵ国の地政的多様性を熟知し領国経営を行った賢宰《けんさい》といってよい。

領民の多様な生業を直視したうえで増税策を練ったのが利常であり、これを地方知行《じかたちぎょう》の形骸化につなげ、手取り年貢を保証し不満を緩和させた。同時に農家経営の合理化を要求し、さらには「所得倍増」ならぬ収穫倍増を目指し、勤勉を督励した。それが「青葉の御印」で述べた「強き百姓」の理念であった。

寛文〜元禄期の明君として名高い保科正之《ほしなまさゆき》・池田光政《いけだみつまさ》・徳川光圀《とくがわみつくに》らと比べ、利常は半世代ほど古い大名である。嫡孫の綱紀も名君とされるので、利常世代は、近世前期の名君たちが登場する前、その舞台を作った黒子といってよいかもしれない。

名君は「明君」とするのが正しく、その政治手腕より人格の徳性が評価された言葉だという。その意味では、利常は強欲さと辣腕が目に付き、徳のある君主、賢人という評価はあたらない。現実を直視し、民政の勘所を見抜く能力に優れた大名であった。

明君とは「民をおそれることの意味をわきまえる治者」(『深谷克己近世史論集』二)ともいう。この点では「一揆の国」の民を正しく恐れ彼らの信仰世界を認め、注視したのち増税をこころみた。利常が手上高・手上免を強要し、また自主納税を要請したのは真宗門徒の行動様式を子細にみつめ、そこから治世のヒントを得たからであろう。

読書する明君、多義化する改作法

読書でなく現実から物事の本質をみてとる、これが利常の政治センスの特徴といってよい。これに対し四代光高・五代綱紀ともに読書で多くの知見を得ており、利常と全く異なるタイプといえよう。

光高の好学は、彼の著作『自論記』『一本種』に示されるが、より親しめるのは『陽広公偉訓』であり、通俗的な語り口で「学文なくして国治まらず」「君主たるもの家臣の賢愚を見極め、諫言に怒ることなかれ」などと説く。和歌一〇〇首に託し組頭・小姓から掃除坊主・奉公人まで家来たちの階級ごと武家奉公の威儀を指南した点などは利常の影響も感ずる。歌学に親しんだ学識の広さもわかる。聖人の言葉も易しく手短にいわねば、家臣といえど耳を傾けてくれないと悟ったからであろう。

綱紀の書物集めと儒学への傾倒もよく知られる所である。改作法は綱紀に継承されたが、綱紀のもとで変容があった。違いが最も明瞭なのは綱紀が一六七〇年（寛文一〇）に始めた飢民救済の御救い小屋設置である。この救済策は、利常の「御開作」と比べると全く異質で、利常のような計算づくや強欲さが微塵もない、純粋に飢民救済に徹したもので、時代を超克した所がある。朱子学と読書で培った文人理念に発する崇高な施策であった。

御救い小屋は前年の飢饉を機に、城下郊外の笠舞村に設置した飢饉難民を収容する御小屋で、当時は「非人小屋」と呼ばれた。居村・居町を離れ流浪する飢人・乞食（非人）・行倒人を収容したが、人別確認などは後回しにし、まず小屋に収容し一日三〜二合の飯米ほか衣類などを提供し病者には医療をほどこし、ともかく生命をつなぐことを第一に対処した。次の段階で身元調査を行い、帰るべき場所のある者は親族のもとに返し、身寄りのない者は小屋に常住させ、職業訓練や仕事の斡旋を行った。

非人小屋は算用場奉行と金沢町奉行が直轄し与力四人と藩医四人を専属として配置したが、注目されるのは一六七〇年の設置から廃藩までの二〇〇年間継続された点である。他藩の飢民救済施設は、大半が災害や飢饉の時期に限定されたが、綱紀の御救い小屋は常設であった。余裕ある藩財政ゆえの社会政策であった。身寄りなき飢民を常住させ生活支援を続けた点は特筆できる。飢民を村・町の生産者として復帰させたので、丸本由美子は「困窮者の生活の扶助・再建を目指すのみならず、藩の生産力を保持する政策意図を帯びた施設」（『加賀藩救恤考』）と評価する。健康回復したものに職業訓練を行い、小屋内で生業を営むことや屋敷奉公も認め、奉公に出るとき身元保証を御小屋が藩として行ったことも画期的である。

利常の「御開作」と「百姓成り立ち」は、百姓自身の勤勉を期待するもので自力救済つまり「自助」を前提とした救済であった。しかし、綱紀の御救い小屋では、自助・勤勉はさほど表に出さず、「領主のつとめ」として飢民をともかく救うという姿勢が前面に出ていた。学問から得た「理念としての救済」といえるが、これは利常に全く欠けていたものである。君主たるものの責務という儒学道徳、徳治の観点からの救済であり、利常の現実的合理主義と異なり、普遍的救済理念といってよい。

綱紀以後の歴代藩主が改作法を藩政の根本理念とし尊重したのは、利常の始めた村御印税制や十村制度に合理的な効用を感じていたからだが、問題点もあった。改善すべき点も多かったが、綱紀によって徳治という救済理念が加わり、利常の「御開作」は実態以上に理想化された可能性がある。

一八世紀になると「利常の改作法」に綱紀の徳治精神も加えられ、改作法という用語はいっそう多義的なものになってゆく。多義化した改作法について、今後さらに広く深く検討されてゆくであろう。そこに近世的支配の持つ効用と限界、またもっと複雑な問題が凝集されているからである。しかし、利常の「御開作」や村御印税制と、綱紀時代の徳治的な藩政や整備された改作方農政を明確に区別したうえで、藩政の祖法としての意義が解明されてゆくことを期待している。

あとがき

加賀一向一揆と初期藩政改革、この二つの事件は密接に関連する。そう考えて本書で、この二つを結び付け、これを実感できる「語り」を試みたつもりである。同じ課題意識から両者の関連を追究された先学や先輩はいた。しかし、結果として、この課題は戦後ずっと等閑《とうかん》に付されてきたのではないか、と憶測している。

恩師である井上鋭夫先生の大著『一向一揆の研究』（一九六八年）は、加賀藩初頭の真宗寺院と村の関係まで論じており、当時として画期的であった。それから五〇年以上たって、真宗寺院と在地社会の関連についての研究はどれほど深化したのだろうか。

他方で、近世大名の代表とされ「一番大名」とも評される前田家と藩政成立に関する研究は最近三〇年、新たな展開をみせ多くの研究成果が出ている。しかし、その先駆ともいうべき若林喜三郎『加賀藩農政史の研究』（上巻）と井上の『一向一揆の研究』を結び付けるには懸隔《けんかく》が大きく、断絶があった。本書の課題は、この二つの名著の間に横たわる断絶をいかに乗り越えるかという点にあった。双方の架け橋というには、なお不十分な所が多くあり、さらに検証を重ねる必要がある。

典型的な近世的支配を加賀・能登・越中の地で実現した前田家が、真宗教団とどのように向き合い共存したか、これまで確たる研究がないので、まずはその辺を固めていかないと両者の結び付けは難しい。そう考え、本書の執筆と並行し、この問題を論じた論文を三編執筆した。そのうち一つは公刊されたが、ほかの二編は本書と同じ頃、公刊される。本書ではもの足りないと感じられた方は、それらで捕捉していただければ幸いである。

五〇年前、金沢大学史学科の門を叩いた頃、一向一揆について口角泡を飛ばす井上先生の講義を聞き、刺激された。その影響で戦国末期の近江朽木《くつき》氏《し》の土地買得をテーマに卒論を書いた。しかし、この卒論を提出した直後、一九七四年一月、井上先生は不帰の客《ひと》となった。大学院では近世初頭の前田検地の研究を進めた。一向一揆に関しては朝尾直弘氏の「将軍権力」創出論が公表され学会では話題になっていたが、あまりに大きな議論であり、史料がないこともあって棚上げしてきた。加賀藩成立期の研究を村夫役《ぶやく》論・都市史・城郭史などと細切れに、また幅広にやってきたが、最近ようやく若林氏と異なる視点から改作《かいさく》法《ほう》研究をまとめることができ、これをバネに五〇年前に抱いた原点に戻ってきた。

本書執筆に取りかかった頃、お世話になった先生が相次ぎ逝去された。二〇一九年九月末、藤木久志さんが。そして大学の先輩であり、いっしょに「加賀一向一揆五〇〇年記念市民シンポジウム」を計画し、そのあと親密にお付き合いさせていただいた大桑斉さんが、二〇二〇年四月に逝去された。お二人の著作をあらためて拝読したことで、加賀藩政確立と加賀一向一揆を繋げる研究の不在をいっそう強く感じた。

一九八八年七月に金沢で開催された「加賀一向一揆五〇〇年記念市民シンポジウム」の基調講演で藤木久志さんは、それまでの一向一揆殲滅史観の見直しを明言された。当時は石山合戦での「血染めの名号」「長嶋一揆皆殺し」「呪いの文字瓦」といった話題が前面に出ており、本願寺・一向一揆は、織豊政権と和解し難い対立関係にあり、金沢城の前田家はその対立の最前線にあったという見方が優勢であった。しかし、前田家三代利常は、晩年に改作法という藩政改革を成し遂げ、近世的支配の典型・模範とされた。根源的な対立から近世的支配の模範がどうやって生まれたのか、そんな好奇心から本書は始まった。

二〇〇六年、金沢城の調査研究の一環で、京都の龍谷大学大宮図書館にて「慶長二年真宗門徒誓詞」二点を拝見したことで、城下町金沢の認識が大きく転換した。これも本書の背景になっている。金沢・北加賀の真宗門徒一七八人が、秀吉と前田利家政権にたてつき、隠居した教如《きょうにょ》方への参詣を逞しくしていた事実を示す古文書を目のあたりにし、前田家による城下町経営がいかに困難かつ複雑な環境にあったか肌で感じた。

戦後の加賀藩研究は『加賀藩史料』という優れた編年史料に依存し、これに安住してきたように思う。さすがに改作法研究は『加賀藩史料』に頼るわけにいかず、膨大な在地史料の発掘によって発展したが、『加賀藩史料』に縛られた歴史叙述から一歩距離を置くこと、これも本書のバックボーンの一つである。『加賀藩史料』を乗り越え、近世史料学の深化を図る必要を痛感するなかでの執筆であったことも付記しておく。近世史料学については、約二〇年間在籍した石川県金沢城調査研究所で学際交流した経験から多くのことを考えさせていただいた。その一端は「歴史文化遺産の保存・活用と史料学の役割」(『日本史研究』六七一号、二〇一八年)でふれた。

本書が成るまで多くの先生・先輩、また加賀藩研究ネットワークなどに集う気鋭の面々から啓発を受けた。とくに琉球大学の武井弘一氏からは本書をまとめるよう強い後押しを受け、また利常・光高の幕政における役割については藤井譲治氏とお話する機会があり、ヒントをいただいた。記して謝意に代えたい。

二〇二一年七月

木越隆三

参考文献・史料

著作・論文

朝尾直弘「『公儀』と幕藩領主制」歴史学研究会・日本史研究会編『講座日本歴史』五・近世一、東京大学出版会、一九八五年
朝尾直弘『将軍権力の創出』岩波書店、一九九四年
浅香年木「若松坊から金沢坊へ─北加賀の流通路と寺内町─」北西弘先生還暦記念会編『中世社会と一向一揆』吉川弘文館、一九八五年
浅香年木『百万石の光と影』能登印刷出版部、一九八八年
石川県金沢城調査研究所編『城郭石垣の技術と組織』石川県金沢城調査研究所、二〇一二年
磯田道史『武士の家計簿─「加賀藩御算用者」の幕末維新─』（『新潮新書』〇〇五）、新潮社、二〇〇三年
一向一揆五〇〇年を考える会編『加賀一向一揆五〇〇年』能登印刷出版部、一九八九年
井上鋭夫『山の民・川の民─日本中世の生活と信仰─』（『平凡社選書』六九）平凡社、一九八一年
大桑　斉「加賀藩の宗旨人別帳について」『北陸史学』一三・一四合併号、一九六六年
大桑　斉「寺檀制度の成立過程」『日本歴史』二四二・二四三、一九六八年
大桑　斉『寺檀の思想』教育社、一九七九年

大桑　斉「宗門改・寺請と寺檀制度」若林喜三郎編『加賀藩社会経済史の研究』名著出版、一九八〇年
大桑　斉『おふり様と豪姫』真宗大谷派善福寺、二〇一一年
大桑　斉『江戸　真宗門徒の生と死』方丈堂出版、二〇一九年
大桑斉編著『本願寺教如教団形成史論』法藏館、二〇二〇年
大西泰正『前田利家・利長―創られた「加賀百万石」伝説―』平凡社、二〇一九年
大西泰正「前田利家・利長の遺言状について」北陸中世近世移行期研究会編『地域統合の多様と複合』桂書房、二〇二一年
大野充彦「前田利常政権の成立」『海南史学』二〇、一九八二年
大安尚寿・長山直治ほか編著『能登の揚浜塩田』奥能登塩田村、二〇一三年
柏原祐泉「本願寺教団の東西分立―教如教団の形成について―」『大谷大学研究年報』一八、一九六五年
神奈川大学日本常民文化研究所編『奥能登と時国家』研究編一・二、平凡社、一九九四・二〇〇一年
神田千里『信長と石山合戦』吉川弘文館、一九九五年（同、二〇〇八年復刊）
神田千里『一向一揆と戦国社会』吉川弘文館、一九九八年
神田千里『一向一揆と石山合戦』（『戦争の日本史』一四）、吉川弘文館、二〇〇七年
神田千里『戦国と宗教』（『岩波新書』新赤一六一九）、岩波書店、二〇一六年
神田千里『顕如』（『ミネルヴァ日本評伝選』）、ミネルヴァ書房、二〇二〇年
木越邦子『キリシタンの記憶』桂書房、二〇〇六年

木越邦子「マニラから加賀藩に戻った高山右近の家族―一六一六年、長崎発信の書翰より―」『キリシタン文化研究会会報』一四三、二〇一四年
木越祐馨「天正後期、前田領国の本願寺派について」『市史かなざわ』一、一九九五年
木越隆三『織豊期検地と石高の研究』桂書房、二〇〇〇年
木越隆三『日本近世の村夫役と領主のつとめ』校倉書房、二〇〇八年
木越隆三「金沢の惣構創建年次を再検証する」『日本歴史』七八〇、二〇一三年
木越隆三「年寄連署状と初期加賀藩における藩公儀の形成」『加賀藩研究』五、二〇一五年
木越隆三「前田光高の学職を探る」長山直治氏追悼論集刊行委員会編『加賀藩研究を切り拓く』桂書房、二〇一六年
木越隆三「金沢城と小立野寺院群―寺院配置論を再考する―」『金沢城研究』一六、二〇一八年
木越隆三『加賀藩改作法の地域的展開―地域多様性と藩アイデンティティー―』桂書房、二〇一九年
木越隆三「前田利長の隠居領と給人平均免試行」『富山史壇』一八八、二〇一九年
木越隆三「前田利常隠居と藩主光高の公儀御用」『加賀藩研究』九、二〇一九年
木越隆三「地方知行形骸論と給人平均免の史料学」加賀藩研究ネットワーク編『加賀藩政治史研究と史料』岩田書院、二〇二〇年
木越隆三「前田光高の江戸城殿中儀礼出座」『金沢城研究』一八、二〇二〇年
木越隆三「寛永八年の加賀前田家と将軍家―「寛永危機」説への疑義―」『北陸史学』六九、二〇二〇年

木越隆三「城下に移った近世金沢坊と大名前田家の公認」『金沢城研究』一九、二〇二一年
木越隆三「近世知行制改革の比較論—加賀藩と熊本藩—」今村直樹・小関悠一郎編『熊本藩からからみた日本近世—比較藩研究の提起—』吉川弘文館、二〇二一年
木越隆三「近世真宗の寺院形成と寺請寺檀制受容」北陸中世近世移行期研究会編『地域統合の多様と複合』桂書房、二〇二一年
金龍　静『一向一揆論』吉川弘文館、二〇〇四年
倉地克直『池田光政』(『ミネルヴァ日本評伝選』)、ミネルヴァ書房、二〇一二年
小池　進『保科正之』(『人物叢書』)、吉川弘文館　二〇一七年
小関悠一郎『〈明君〉の近世—学問・知識と藩政改革—』吉川弘文館　二〇一二年
小関悠一郎『上杉鷹山—「富国安民」の政治—』(『岩波新書』新赤一八六五)、岩波書店、二〇二一年
五野井隆史『日本キリスト教史』吉川弘文館、一九九〇年
坂井誠一『加賀藩改作法の研究』清文堂出版、一九七八年
佐々木潤之介『大名と百姓』(『日本の歴史』一五)、中央公論社、一九六六年(同、二〇〇五年改版再刊)
佐藤孝之「加賀藩年寄の叙爵をめぐって」橋本政宣編『近世武家官位の研究』続群書類従完成会、一九九九年
佐藤豊三「将軍家『御成』について(六)」『金鯱叢書』七、一九八〇年
塩崎久代「一六世紀末における本願寺門徒の動向」『石川県立歴史博物館紀要』二四、二〇一二年

塩崎久代「真宗道場の近世化と地域社会」北陸中世近世移行期研究会編『地域統合の多様と複合』桂書房、二〇二一年
清水隆久『近世北陸農業史』農山漁村文化協会、一九八七年
清水　聡「加賀前田家における隠居利常の政治的位置と藩機構の形成過程」『立正史学』一二三、二〇一八年
J・F・モリス・白川部達夫・高野信治編『近世社会と知行制』思文閣出版、一九九九年
鈴木　壽『近世知行制の研究』日本学術振興会、一九七一年
高澤裕一『加賀藩の社会と政治』吉川弘文館、二〇一七年
高野信治『近世大名家臣団と領主制』吉川弘文館、一九九七年
高野信治『近世領主支配と地域社会』校倉書房、二〇〇七年
田川捷一『加賀藩と能登天領の研究』北國新聞社、二〇一二年
竹田聴洲「近世社会と仏教」朝尾直弘ほか編『岩波講座日本歴史』九・近世一、岩波書店、一九七五年
田中喜男「城下町の成立・変容」『伝統都市の空間論・金沢―歴史・建築・色彩―』弘詢社、一九七七年
谷口澄夫『岡山藩政史の研究』山陽新聞社、一九八一年復刊（塙書房、一九六四年初刊）
中西祐樹編『高山右近　キリシタン大名への新視点』宮帯出版社、二〇一四年
中野節子『加賀藩の流通経済と城下町金沢』能登印刷出版部、二〇一二年
長山直治「寛文・宝永年間、加賀藩廻米高と地船・上方船別破損高について」『石川郷土史学会々誌』

三一、一九九八年
長山直治『加賀藩を考える—藩主・海運・金沢町—』桂書房、二〇一三年
萩原大輔「前田利長隠居政治の構造と展開」『富山史壇』一七八、二〇一五年
原　昭午『加賀藩にみる幕藩制国家成立史論』東京大学出版会、一九八一年
藩政史研究会編『藩制成立史の綜合研究　米沢藩』吉川弘文館、一九六三年
深谷克己『偃武の政治文化』(『深谷克己近世史論集』二)、校倉書房、二〇〇九年
福田千鶴『幕藩制的秩序と御家騒動』校倉書房、一九九九年
藤井讓治『江戸幕府老中制形成過程の研究』校倉書房、一九九〇年
藤井讓治『江戸開幕』(『日本の歴史』一二)、集英社、一九九二年(講談社、二〇一六年再刊)
藤井讓治『徳川家光』(『人物叢書』)、吉川弘文館、一九九七年
藤井讓治『幕藩領主の権力構造』岩波書店、二〇〇二年
藤井讓治『徳川将軍家領知宛行制の研究』思文閣出版、二〇〇八年
藤井讓治「前田利長と関ヶ原の戦い」『石川県立歴史博物館紀要』二七、二〇一八年
藤井讓治『徳川家康』(『人物叢書』)、吉川弘文館、二〇二〇年
藤木久志『戦国の作法—村の紛争解決—』(『平凡社選書』一〇三)、平凡社　一九八七年
藤木久志『戦国史をみる目』校倉書房、一九九五年
藤木久志『村と領主の戦国世界』東京大学出版会、一九九七年
藤田　覚「寛永飢饉と幕政」『近世史料論の世界』校倉書房、二〇一二年(一九八二・八三年初出)

朴澤直秀『近世仏教の制度と情報』吉川弘文館、二〇一五年
丸本由美子『加賀藩救恤考―非人小屋の成立と限界―』桂書房、二〇一六年
見瀬和雄「加賀藩におけるキリシタン禁制の展開」『市史かなざわ』一、一九九五年
見瀬和雄『幕藩制市場と藩財政』巖南堂書店、一九九八年
見瀬和雄『利家・利長・利常―前田三代の人と政治―』北國新聞社、二〇〇二年
三宅正浩『近世大名家の政治秩序』校倉書房、二〇一四年
山口啓二「藩体制の成立」家永三郎ほか編『岩波講座日本歴史』一〇・近世二、岩波書店、一九六三年
若尾政希『「太平記読み」の時代―近世政治思想史の構想―』（『平凡社選書』一九二）、平凡社、一九九九年
若林喜三郎『加賀藩農政史の研究』上、吉川弘文館、一九七〇年

史料集・図録

前田育徳会編『加賀藩史料』第一～三編、清文堂出版、一九八〇年復刻（一九二九～三〇年初刊）
日置謙校訂『御夜話集』上編、石川県図書館協会、一九七二年復刻（一九三三年初刊）
太田敬太郎校訂『加賀藩初期の侍帳』石川県図書館協会、一九七〇年復刻（一九四二年初刊）
金沢大学日本海文化研究室編・井上鋭夫校訂『加越能寺社由来』上、石川県図書館協会、一九七一年
北西弘編『能登阿岸本誓寺文書』清文堂出版、一九七一年
北西　弘『真宗大谷派金沢別院史』下・史料編、北国出版社、一九八三年

レオン・パジェス（吉田小五郎訳）『日本切支丹宗門史』全三冊（『岩波文庫』）、岩波書店、一九九一年（一九三八～四〇年初刊）
金沢市史編さん委員会編『金沢市史』資料編一三・寺社、金沢市、一九九六年
金沢市史編さん委員会編『金沢市史』資料編三・近世一、金沢市、一九九九年
藤井讓治監修『江戸幕府日記　姫路酒井家本』第一～一五巻、ゆまに書房、二〇〇三・〇四年
前田土佐守家資料館編『芳春院まつの書状』展図録、二〇一二年（二〇一七年増補改定版）
石川県金沢城調査研究所編『金沢城編年史料』近世一、二〇一九年
石川県立美術館編『前田利常―寛永の加賀文化―』展図録、一九七六年
金沢城研究調査室編『よみがえる金沢城』一、石川県教育委員会・北國新聞社、二〇〇六年
石川県立歴史博物館編『加賀藩江戸屋敷―本郷邸の儀礼とくらし―』展図録、二〇二〇年

著者紹介

一九五一年、石川県に生まれる
一九七四年、金沢大学法文学部史学科卒業
一九七六年、金沢大学大学院文学研究科卒業
二〇〇二年、金沢大学より博士（文学）授与
現在、石川県文化財保護審議会委員・金沢工業大学客員教授

〔主要著書〕
『織豊期検地と石高の研究』（桂書房、二〇〇〇年）
『日本近世の村夫役と領主のつとめ』（校倉書房、二〇〇八年）
『加賀藩改作法の地域的展開—地域多様性と藩アイデンティティー—』（桂書房、二〇一九年）

歴史文化ライブラリー
533

隠れた名君 前田利常
加賀百万石の運営手腕

二〇二一年（令和三）十月一日 第一刷発行

著者 木《き》越《ごし》隆《りゅう》三《ぞう》
発行者 吉川道郎
発行所 株式会社 吉川弘文館
東京都文京区本郷七丁目二番八号
郵便番号一一三—〇〇三三
電話〇三—三八一三—九一五一〈代表〉
振替口座〇〇一〇〇—五—二四四
http://www.yoshikawa-k.co.jp/
印刷＝株式会社 平文社
製本＝ナショナル製本協同組合
装幀＝清水良洋・高橋奈々

ISBN978-4-642-05933-6

歴史文化ライブラリー

1996. 10

刊行のことば

現今の日本および国際社会は、さまざまな面で大変動の時代を迎えておりますが、近づきつつある二十一世紀は人類史の到達点として、物質的な繁栄のみならず文化や自然・社会環境を謳歌できる平和な社会でなければなりません。しかしながら高度成長・技術革新にともなう急激な変貌は「自己本位な刹那主義」の風潮を生みだし、先人が築いてきた歴史や文化に学ぶ余裕もなく、いまだ明るい人類の将来が展望できていないようにも見えます。このような状況を踏まえ、よりよい二十一世紀社会を築くために、人類誕生から現在に至る「人類の遺産・教訓」としてのあらゆる分野の歴史と文化を「歴史文化ライブラリー」として刊行することといたしました。

小社は、安政四年(一八五七)の創業以来、一貫して歴史学を中心とした専門出版社として書籍を刊行しつづけてまいりました。その経験を生かし、学問成果にもとづいた本叢書を刊行し社会的要請に応えて行きたいと考えております。

現代は、マスメディアが発達した高度情報化社会といわれますが、私どもはあくまでも活字を主体とした出版こそ、ものの本質を考える基礎と信じ、本叢書をとおして社会に訴えてまいりたいと思います。これから生まれでる一冊一冊が、それぞれの読者を知的冒険の旅へと誘い、希望に満ちた人類の未来を構築する糧となれば幸いです。

吉川弘文館

歴史文化ライブラリー

近世史

慶長遣欧使節 伊達政宗が夢見た国際外交——佐々木 徹
徳川忠長 兄家光の苦悩、将軍家の悲劇——小池 進
女と男の大奥 大奥法度を読み解く——福田千鶴
細川忠利 ポスト戦国世代の国づくり——稲葉継陽
家老の忠義 大名細川家存続の秘訣——林 千寿
隠れた名君 前田利常 加賀百万石の運営手腕——木越隆三
明暦の大火 「都市改造」という神話——岩本 馨
江戸の政権交代と武家屋敷——岩本 馨
江戸の町奉行——南 和男
大名行列を解剖する 江戸の人材派遣——根岸茂夫
江戸大名の本家と分家——野口朋隆
〈甲賀忍者〉の実像——藤田和敏
江戸の武家名鑑 武鑑と出版競争——藤實久美子
江戸の出版統制 弾圧に翻弄された戯作者たち——佐藤至子
武士という身分 城下町萩の大名家臣団——森下 徹
旗本・御家人の就職事情——山本英貴
武士の奉公 本音と建前 江戸時代の出世と処世術——高野信治
宮中のシェフ、鶴をさばく 江戸時代の朝廷と庖丁道——西村慎太郎
犬と鷹の江戸時代 〈犬公方〉綱吉と〈鷹将軍〉吉宗——根崎光男
紀州藩主 徳川吉宗 明君伝説・宝永地震・隠密御用——藤本清二郎
近世の巨大地震——矢田俊文
外来植物が変えた江戸時代 里湖・里海の資源と都市消費——佐野静代
死者のはたらきと江戸時代 遺訓・家訓・辞世——深谷克己
闘いを記憶する百姓たち 江戸時代の裁判学習帳——八鍬友広
江戸時代の瀬戸内海交通——倉地克直
江戸のパスポート 旅の不安はどう解消されたか——柴田 純
江戸の捨て子たち その肖像——沢山美果子
江戸の乳と子ども いのちをつなぐ——沢山美果子
江戸時代の医師修業 学問・学統・遊学——海原 亮
江戸幕府の日本地図 国絵図・城絵図・日本図——川村博忠
踏絵を踏んだキリシタン——安高啓明
墓石が語る江戸時代 大名・庶民の墓事情——関根達人
石に刻まれた江戸時代 無縁・遊女・北前船——関根達人
近世の仏教 華ひらく思想と文化——末木文美士
松陰の本棚 幕末志士たちの読書ネットワーク——桐原健真
龍馬暗殺——桐野作人
日本の開国と多摩 生糸・農兵・武州一揆——藤田 覚

歴史文化ライブラリー

幕末の世直し　万人の戦争状態——須田　努
幕末の海軍　明治維新への航跡——神谷大介
海辺を行き交うお触れ書き　浦触の語る徳川情報網——水本邦彦
江戸の海外情報ネットワーク——岩下哲典

近・現代史

江戸無血開城　本当の功労者は誰か?——岩下哲典
五稜郭の戦い　蝦夷地の終焉——菊池勇夫
水戸学と明治維新——吉田俊純
大久保利通と明治維新——佐々木　克
刀の明治維新　「帯刀」は武士の特権か?——尾脇秀和
維新政府の密偵たち　御庭番と警察のあいだ——大日方純夫
京都に残った公家たち　華族の近代——刑部芳則
文明開化　失われた風俗——百瀬　響
西南戦争　戦争の大義と動員される民衆——猪飼隆明
大久保利通と東アジア　国家構想と外交戦略——勝田政治
明治の政治家と信仰　クリスチャン民権家の肖像——小川原正道
文明開化と差別——今西　一
大元帥と皇族軍人　明治編——小田部雄次
皇居の近現代史　開かれた皇室像の誕生——河西秀哉
日本赤十字社と皇室　博愛か報国か——小菅信子
神都物語　伊勢神宮の近現代史——ジョン・ブリーン
陸軍参謀　川上操六　日清戦争の作戦指導者——大澤博明
日清・日露戦争と写真報道　戦場を駆ける写真師たち——井上祐子
公園の誕生——小野良平
鉄道忌避伝説の謎　汽車が来た町、来なかった町——青木栄一
軍隊を誘致せよ　陸海軍と都市形成——松下孝昭
軍港都市の一五〇年　横須賀・呉・佐世保・舞鶴——上杉和央
〈軍港都市〉横須賀　軍隊と共生する街——高村聰史
お米と食の近代史——大豆生田　稔
日本酒の近現代史　酒造地の誕生——鈴木芳行
失業と救済の近代史——加瀬和俊
近代日本の就職難物語　「高等遊民」になるけれど——町田祐一
海外観光旅行の誕生——有山輝雄
難民たちの日中戦争　戦火に奪われた日常——芳井研一
昭和天皇とスポーツ　〈玉体〉の近代史——坂上康博
大元帥と皇族軍人　大正・昭和編——小田部雄次
昭和陸軍と政治　「統帥権」というジレンマ——高杉洋平
海軍将校たちの太平洋戦争——手嶋泰伸

歴史文化ライブラリー

松岡洋右と日米開戦 大衆政治家の功と罪——服部 聡
稲の大東亜共栄圏 帝国日本の〈緑の革命〉——藤原辰史
地図から消えた島々 幻の日本領と南洋探検家たち——長谷川亮一
自由主義は戦争を止められるのか 芦田均・清沢洌・石橋湛山——上田美和
モダン・ライフと戦争 スクリーンのなかの女性たち——宜野座菜央見
軍用機の誕生 日本軍の航空戦略と技術開発——水沢 光
首都防空網と〈空都〉多摩——鈴木芳行
帝都防衛 戦争・災害・テロ——土田宏成
陸軍登戸研究所と謀略戦 科学者たちの戦争——渡辺賢二
帝国日本の技術者たち——沢井 実
強制された健康 日本ファシズム下の生命と身体——藤野 豊
戦争とハンセン病——藤野 豊
「自由の国」の報道統制 大戦下の日系ジャーナリズム——水野剛也
海外戦没者の戦後史 遺骨帰還と慰霊——浜井和史
学徒出陣 戦争と青春——蜷川壽惠
特攻隊の〈故郷〉 霞ヶ浦・筑波山・北浦・鹿島灘——伊藤純郎
沖縄戦 強制された「集団自決」——林 博史
陸軍中野学校と沖縄戦 知られざる少年兵「護郷隊」——川満 彰
沖縄戦の子どもたち——川満 彰
沖縄からの本土爆撃 米軍出撃基地の誕生——林 博史
原爆ドーム 物産陳列館から広島平和記念碑へ——頴原澄子
米軍基地の歴史 世界ネットワークの形成と展開——林 博史
沖縄米軍基地全史——野添文彬
考証 東京裁判 戦争と戦後を読み解く——宇田川幸大
昭和天皇退位論のゆくえ——冨永 望
ふたつの憲法と日本人 戦前・戦後の憲法観——川口暁弘
戦後文学のみた〈高度成長〉——伊藤正直
首都改造 東京の再開発と都市政治——源川真希
鯨を生きる 鯨人の個人史・鯨食の同時代史——赤嶺 淳

文化史・誌

落書きに歴史をよむ——三上喜孝
山寺立石寺 霊場の歴史と信仰——山口博之
跋扈《ばっこ》する怨霊 祟りと鎮魂の日本史——山田雄司
将門伝説の歴史——樋口州男
藤原鎌足、時空をかける 変身と再生の日本史——黒田 智
空海の文字とことば——岸田知子
日本禅宗の伝説と歴史——中尾良信
殺生と往生のあいだ 中世仏教と民衆生活——苅米一志

歴史文化ライブラリー